Leiden 2015
Renate Dahmen

Renate Dalaun · Rheingold

Renate Dalaun

Rheingold

Erzählung

AUGUST VON GOETHE LITERATURVERLAG

FRANKFURT A.M. • WEIMAR • LONDON • NEW YORK

Die neue Literatur, die – in Erinnerung an die Zusammenarbeit Heinrich Heines und Annette von Droste-Hülshoffs mit der Herausgeberin Elise von Hohenhausen – ein Wagnis ist, steht im Mittelpunkt der Verlagsarbeit. Das Lektorat nimmt daher Manuskripte an, um deren Einsendung das gebildete Publikum gebeten wird.

Bibliografische Information der Deutschen Nationalbibliothek
Die Deutsche Nationalbibliothek verzeichnet diese Publikation in der Deutschen Nationalbibliografie; detaillierte bibliografische Daten sind im Internet abrufbar über http://dnb.d-nb.de.

Dieses Werk und alle seine Teile sind urheberrechtlich geschützt.

Lektorat: Gerrit Koehler

Websites der Verlagshäuser der Frankfurter Verlagsgruppe:

www.frankfurter-verlagsgruppe.de
www.frankfurter-literaturverlag.de
www.frankfurter-taschenbuchverlag.de
www.publicbookmedia.de
www.august-goethe-literaturverlag.de
www.fouque-literaturverlag.de
www.weimarer-schiller-presse.de
www.deutsche-hochschulschriften.de
www.deutsche-bibliothek-der-wissenschaften.de
www.haensel-hohenhausen.de
www.prinz-von-hohenzollern-emden.de

Nachdruck, Speicherung, Sendung und Vervielfältigung in jeder Form, insbesondere Kopieren, Digitalisieren, Smoothing, Komprimierung, Konvertierung in andere Formate, Farbverfremdung sowie Bearbeitung und Übertragung des Werkes oder von Teilen desselben in andere Medien und Speicher sind ohne vorgehende schriftliche Zustimmung des Verlags unzulässig und werden auch strafrechtlich verfolgt.

Gedruckt auf säurefreiem, alterungsbeständigem Papier, hergestellt aus chlorfrei gebleichtem Zellstoff (TcF-Norm).

Printed in Germany

ISBN 978-3-8372-1700-1

©2015 FRANKFURTER LITERATURVERLAG FRANKFURT AM MAIN

Ein Unternehmen der Holding
FRANKFURTER VERLAGSGRUPPE AKTIENGESELLSCHAFT
In der Straße des Goethehauses/Großer Hirschgraben 15
D-60311 Frankfurt a/M
Tel. 069-40-894-0 • Fax 069-40-894-194
E-Mail lektorat@frankfurter-literaturverlag.de

Inhalt

I. Der Ring 7

II. Die Botschaft der Rheintöchter 41

III. Goldfarben und Klänge 71

IV. Der Fluch des Ringes 89

V. Eine andere Art zu atmen 134

I. Der Ring

Sie betritt den Raum, aber Margret spürt die Veränderung in jedem Nerv, bis in die Fingerspitzen. Ein Dämon muss seinen Tritt hinterlassen haben. Er verweist auf einen Pferdefuß. Wer sonst reitet den Wind durch offene Fenster und wirft Gegenstände auf den Boden, verstreut Papier in der Wohnung? Auf dem Tisch liegt Post. Ein kurzer Brief. Robert will es wissen, ob sie ihn will, den Ring. Sie liest den kurzen Text zweimal, wiederholt jedes Wort: „Wenn du einverstanden bist, bringe ich die Ringe morgen mit, bestes Gold." Sie kennt seine Absicht, aber sie erschrickt. Mit dem Wort muss etwas geschehen sein. Sie weiß es, der Garantieschein garantiert für beste Qualität, aber das Wort „Ring" verursacht beim Lesen einen stechenden Schmerz in den Augen. Es bezeichnet den Gegenstand, sagt eigentlich nichts über ihn aus, und doch, als hätte der Dämon die Wortbedeutung verändert, drücken die vier Buchstaben so schwer auf ihr Gemüt. Ein bedeutungsschwangeres Schmuckstück sieht sie vor sich, mit Bindung für das Leben, mit Freiheitsverlust verbunden. „Bestes Gold" bezeichnet die Qualität des Materials. Sie lieben sich, aber in diesem Augenblick sind keine Emotionen im Spiel. Hat sie der Dämon mit dem Wort getötet? Warum sagt er nicht „reines Gold"? Sie rebelliert bei diesem Überfall, weil diese vier Buchstaben das Wort „Liebe" ausklammern. Sie verweisen nur auf den Gegenstand.

 Margret, eigentlich Margareta, will neben dem Beruf studieren, schreiben, sich noch nicht mit einer Familie belasten, den geliebten Freund aber nicht verlieren, nicht beleidigen. Das Wort stiftet Verwirrung, weil sie es weiß, dass sie Bindungen dieser Art noch nicht ertragen wird. Das Wort, eigentlich Symbol für Treue, Dauer, lebenslänglichen Freiheitsverlust zerrt an der Bedeutung herum.

Sprache ist Kunst, und Kunst bedient sich der Sprache. Aber auch das dichterische Wort versagt, weil die zweite Bedeutungsschicht hereinragen muss. Warum, warum fragt sie, stoßen die vier Buchstaben Bild, Symbol, Metapher ab, wollen nicht interpretiert, wollen verborgen sein, nicht Freude, Angst, Bedauern aussagen?

Ja, sie hat es versucht, versucht es immer wieder, das Wort „Ring" ins Gedicht zu nehmen, aber es vermag den Gegenstand tatsächlich nicht bildlich zu deuten. Das behindert die Aussage, obwohl sich das Wort in ihren Gedanken festgesaugt hat. Mit leisem Stöhnen fährt sie sich über die Augen, als nähmen ihr diese vier Buchstaben jeden Anspruch auf Zukunft. Ihr Blick sucht verzweifelt den Himmel ab. Hat der Gegenstand nicht mit dem Wort seinen Sinn gewechselt? Etymologisch kann es auch im Sinne von „umringen", „beaufsichtigen" gesehen werden – gewisse Macht bedeuten. Das Moment der Überraschung lässt keine Emotion zu. Am Fenster lacht hämisch ein Dämon über die Folgen der Verwandlung. Dann weiß sie es, gesteht dem Zufall wie dem Schicksal keinen Auftritt zu: Nicht schöpferisch tätig, nicht in der Öffentlichkeit möchte er die Frau, seine Frau sehen. Sie will es sich immer noch nicht eingestehen, obwohl sie es schon lange ahnt. Als wäre mit dem verbalisierten Gedanken ein neuer, schlummernder Dämon erwacht, zittert Erregung in diesem Wort, mit dem sich das „Heimchen am Herde" verbindet. Sie kann es nicht verhindern, dass sie ins Extrem fällt. Stimmlos klagt sie ihre Entdeckung in den Himmel. Der antwortet mit Wolkenbergen, die sich vor ihr auftürmen. Dem Wechselspiel des Zufalls ausgesetzt, kann sie sich nicht binden. Ihre Hände fallen übereinander her, nervös reibt sie die Finger, aber ihre Verzweiflung findet ihre Stimme nicht mehr. Sorglosigkeit schlägt in Angst vor der Zukunft um, wenn die hinter dem Blick vorbereiteten Tränen auch nicht zugelassen werden. Ein fauler Geschmack verbindet sich mit dem Wort.

Was wir als Wahrheit, als Glück erkennen, hängt vom Licht, von der Beleuchtung, dem Einfallswinkel ab. Margret weiß, dass sie im

Dialog mit ihm über das Wort stolpern wird, spricht es probeweise mit gehobener, mit fallender Stimme aus, ändert die Lautstärke, aber das Wort fremdelt. Eine gelungene Verbindung ist aus allen ihren Möglichkeiten gekippt. Sie fixiert die Uhr, der Schrecken verliert nicht an Volumen. Sie beschließt, ihm die Gründe in allen Einzelheiten zu erläutern, denn der Ring ist auch für ihn Symbol, und auch seine Gedanken kreisen um die Wortbedeutung. Das glaubt sie sicher zu wissen.

Margret geht erregt von rechts nach links und wieder von dort zurück nach rechts, stellt den CD-Player ein. Dass die von den Besuchern Martin und Gundi am Abend vergessene CD noch auf Martins Filmabsicht deutet, und „Rheingold" erklingt, wirkt wie Hohn. Martin will ein Musikdrama bebildern, aber davon später.

Es ist der Gesang der Rheintöchter, die sich spielerisch schwimmend zu fangen und zu entziehen versuchen. Woglindes hoher Sopran spricht die Schwester an: „Mit Wellgunde wäre ich zu zwei – sicher vor dir." „Lass sehen, wie du wachst", neckt Wellgunde. Floßhilde schwimmt dazwischen. Sie verweist auf das Gold in der Tiefe. Der Gesang der Nymphen erzeugt eine heitere Atmosphäre, bis Alberichs hoher Bass mit seinem „He – he! Ihr Nicker" sich am Spiel zu beteiligen sucht. „Naht ich mich gerne." Die drei Rheintöchter tauchen tiefer, entziehen sich seinem Zugriff. „Pfui, der Garstige." Margret singt mit, entspannt sich. Dann setzt sie sich auf das Sofa: „Typisch Martin, der Phantast!" Er will „sein Rheingold" in Bild und Ton festhalten. Einen leichten Seitenhieb scheint er sich aber vorbehalten zu haben.

Keine der Nymphen lässt sich einfangen. Der lüsterne Freier erkennt es auf hohem Ton, und die hohen Sopranstimmen necken ihn aus der Tiefe. Seine Triebhaftigkeit wird abgelehnt, um des „reinen Goldes" wegen.

„Bestes Gold", Margret murmelt es vor sich hin. Martin weiß es, dass Robert vom „besten Gold" sprach, als er ihr den Ring anbot. Nein, Margret vergleicht natürlich nicht Robert, sondern Martin, aber die Beziehung der CD und ihre Situation kann sie nicht überhören. Alberich muss der Liebe entsagen, reagiert auf höchstem Ton: „Falsches Kind! Kalter, grätiger Fisch!" Margret schüttelt zum zweiten Mal den Kopf. Identifiziert Martin Gundi vielleicht mit Wellgunde? Im Gegensatz zu Alberich hat er sein Ziel erreicht. Der Triebmensch Alberich singt „lüstern lechz ich nach euch" und „eine muss mir erliegen". Er kennt den Begriff der Treue nicht und hat der wahren Liebe entsagt. Das „reine Gold" ist für ihn unerreichbar. Auf hohem a und h präsentiert er seine Absicht.

Eigentlich hat Margret, die Richard Wagners Musik schon in jungen Jahren faszinierte, Martin angeregt, während später seine Bebilderung des „Rheingold" Margret zu einem gewagten Vergleich herausfordert.

Die verschiedenen Ebenen sind es, die auch im Vorspiel zum „Ring" gleichzeitig erklingen. Es tönt, warnt, poltert und wühlt in der Tiefe, wo sich der Goldschatz befindet, wo Mime arbeitet und angetrieben wird, während an der Wasseroberfläche die Rheintöchter singen und spielen, tanzen und Alberich necken.

Es ist eine Musik, die den ganzen Menschen anspricht, sich nicht wie Klassische oder Romantische Musik z. B. mit dem akustischen Bereich begnügt. Hören und Wissen genügt nicht. Das Orchester aktiviert alle Schichten.

„Das geht unter die Haut", sagt sie.

Liebe bedeutet zwar ein Hinausstreben über das unbedingt Existenznotwendige auf emotionalem Gebiet, wie geistige Produktivität auf geistigem Gebiet, aber sie reicht weit über den Ursprung Trieb, Verlangen hinaus, während der Begriff der Nächstenliebe nicht ohne Verantwortung auskommt. Liebe setzt immer die Akzeptanz, das Annehmen individueller Wesenseigentümlichkeit voraus. Margret weiß, dass schöpferisches Tun zu ihrem Leben gehört, ob sie schreibt oder malt. Sie liebt Robert, den vielseitig Gebildeten, erfahrenen Freund, wie er ist, aber sie will nicht durch eine Bindung leichtfertig die Chance verspielen, sich individuell entfalten zu können. Liebe will die Annahme des geliebten Menschen in seinem individuellen Sein. Dazu gehört ihr schöpferisches Tun. Keiner hat das Recht, den Anderen nach seinem Wunschbild zu formen, weil er ihn zu lieben glaubt. Sie zweifelte seine Liebe plötzlich an und beschließt, durch eine aufgezwungene Entfernung in den Ferien ihre Beziehung zu prüfen, sich selbst einer harten Probe zu unterziehen, den Begriff Freiheit wie den der Bindung zu hinterfragen.

Seit sie das Zittern wahrnimmt, sobald sich ihr Blick auf den Ring im Wort senkt, seit er sie zwingt, an dem Wort Liebe vorbeizudenken, wenn sie es sieht, dieses Wort, empfindet sie diese Bindung mitsamt den Folgen als Unfreiheit, als Abhängigkeit. Übellaunig legt sie den Brief in die Schublade. Sie will nicht in ein nie gelebtes Leben abstürzen, ohne aus großer Entfernung alle Konsequenzen, Folgen genau überdacht zu haben. Ihr Zeigefinger pendelt über der Schublade, in der der Brief liegt. Der Gedanke, dass etwas Ungereimtes über diesem Wort schwebt, das sich längst auf den Gegenstand übertrug, lässt sie nicht zur Ruhe kommen. Höhnisch scheint der unbekannte Dämon zu lachen. Trotz ihrer Jugend hat Margret noch rechtzeitig begriffen, als der Gegenstand mit dem Wort im Brief seinen Sinn veränderte. Dann bittet sie Robert telefonisch um sein Verständnis für ihre Bitte, vier Wochen keinen Kontakt aufzunehmen. Die kurze Erläuterung ihrer Gründe genügt. Er versteht, dass Entfernung, Schweigen, den nötigen Abstand schaffen sollen.

Gelegenheiten zu seltenen Begegnungen, die Problemlösungen anbieten, eine andere Art zu atmen zeigen, bieten sich bald:

In einem abgetragenen Jackett über rot kariertem Hemd, das er trotz der Kälte offen trägt, weil zwei Knöpfe fehlen, sitzt er auf einer der Haustreppen mitten am Marktplatz. Das geschäftige Treiben um ihn herum stört ihn wenig. Es ist Markttag, und die Händler und Kaufleute warten auf Kunden. Laut und unbeirrt trägt er vor, ja, er liest für jeden, der es hören will. Vom Leben und vom Tod spricht er so selbstverständlich wie man „Heute regnet es" sagt, während sich über ihm Mysteriöses abspielt. Das fing schon mit dem Morgenrot an, das bis zum dunklen Violett die Farbe wechselte. Nur gelegentlich schaut er gleichmütig in den Himmel. Die Passanten werfen ihm nur kurze Blicke zu, ohne stehen zu bleiben. Mit beiden Händen hält er das Konzept fest. Der Alte hat nichts als seine Worte. Wenige interessiert die Lesung im Freien. Wenn er spricht, scheint sich die Erregung des Morgens in ihm fortzusetzen, aber das bemerken die Anwesenden nicht. Er bettelt nicht um Geld, er bettelt um Aufmerksamkeit. Sein Blick, der über den Marktplatz schweift, über Käufer und Verkäufer und die Händler an den Ständen entwölkt sich. Neben ihm preist ein Bauer seine Kartoffeln und Rüben an. „Aus ökologischem Anbau", betont er. Keine Spur Müdigkeit zeigt der alte Poet. Was in seinen Gliedern hängt, gleicht eher dem Morgentau.

Dann wird es in seiner Stimme lebendig:

Abenteuerlich taucht der
Mensch mit lautem Schrei
in die Welt und erkundet, entdeckt
und benennt, was er nicht weiß
und nicht kennt. Das Leben,
ein Abenteuer hält ihn gefangen.

Selbstbewusst mutig meistert der
Jüngling Probe und Prüfung,
wenn des Engels Rat: Sei standhaft
bescheiden und einsatzbereit,
auf fruchtbaren Boden fällt,
er die Macht des Bösen besiegt.

Leben ist immer Bewegung
und Antrieb, Tag für Tag

*in die Zeit gestreut, läuft keiner
vor sich her. Jeder trägt sein
Gesicht durch das Leben. Die Zeit
flieht bis zur Ewigkeit*

*Unscharf bleibt der Beweis
im Lichtgefälle. Nicht im freien
Fall stürzen wir ab. Der
Widerstand bremst. Ist es Vorsehung,
Schicksal, die Konstellation
eines Sterns?*

*Es planen sich schöpferische Zufälle
ein, die Gnade der Freiheit.
Zeit dehnt sich, schafft Pausen
und Stille. Momente tönen,
leuchten im Klanggemisch auf.
Leben ist kostbar wie Zeit.*

Die Alarmbereitschaft in seinen Zügen lässt erst nach, als er das Mädchen mit dem langen Zopf inmitten der Farbenpracht entdeckt. An jedem Samstag verkauft es die von den Eltern im Garten gezüchteten Blumen am Markt, um sich an diesem schulfreien Tag Taschengeld zu verdienen. An diesem Tag aber übersieht sie sogar die Kunden gelegentlich, so fasziniert, so aufmerksam hört sie dem alten Mann, der seine Gedichte und Balladen vorträgt, zu. Als der zwölfte Ton der Kirchenuhr ausklingt, legt sie, die Verkäuferin, eine kleine Pause ein und isst ihre Bockwurst-Semmel, die neben ihr liegt. „Guten Appetit" wünscht der Leser, der auch gerade pausiert. Das Mädchen wendet sich ihm zu. „Möchten Sie auch eine?", fragt sie. Der Alte nickt und verzehrt das angebotene Brötchen. Noch nie hat ihm das Mittagessen so gut geschmeckt wie in diesem

Augenblick. Den Zeigefinger streckt er in die Luft, als dürfte er das auf einer Serviette liegende Brötchen nur mit zwei Fingern festhalten. Jeder Bissen wird zum Ereignis, zum Genuss. Andächtig folgt sein Blick der nicht an harte Arbeit gewohnten Hand in den Mund, bis er jeden Bissen auf Gaumen und Zunge spürt. Das Mädchen sieht es und lächelt, fragt nicht, was es schon weiß, ob die Bockwurst-Semmel seinem Geschmack entspricht.

Er bedankt sich, reicht dem Kind sein letztes Gedicht, tauscht es versonnen lächelnd gegen die Bockwurst-Semmel ein.

Das Mädchen steckt ihm zum Dank ein leuchtend rotes dorniges Röschen ins Knopfloch seines Jacketts. Dann nehmen sie die Blumenkäuferinnen in Anspruch, und der Poet setzt seine Lesung fort.

Er lässt sich das Wort nicht beschneiden, hat sich abgesetzt von denen, die es nicht hören wollen.

Margret weiß es. Das ist der große Dorn in Roberts Augen. Er liebt es nicht, die Frau schöpferisch tätig, in die Öffentlichkeit treten zu sehen. Will er allein erfolgreich oder Objekt der Bewunderung sein? Dieser Gedanke an die Einschränkung ihrer schöpferischen Tätigkeit, ob mit Stift oder Pinsel, ist es, der ihr Atemlosigkeit beschert.

Auf das Wort „Freiheit" fixiert, jagt sie ihre Gedanken um diese acht Buchstaben herum: Der Mensch ist seinem Wesen nach frei, ins Offene gesetzt. Er steht sich selbst gegenüber, um sein Leben lang sein individuelles Sein mit seinen Fähigkeiten und Möglichkeiten auszuprägen und sich und anderen nutzbar zu machen. Das Gewissen bietet der Freiheit eine Stimme. Niemand zweifelt die Freiheit der Gedanken an. Der umstrittene freie Wille, Entscheidungsfreiheit hängen von vielen Faktoren ab, sich schöpferisch zu betätigen, steht jedem frei.

Gesetze, Gebote und Verbote schränken im Regelfall nicht individuelle Freiheit ein. Sie malt und schreibt. Gefällt ihm das nicht? Manchmal wird sie, wenn sie malt oder schreibt, zu ihrem Bild. Grüntöne umgeben ihn. Selbstzufrieden wirkt er. Die Farben folgen ihren Empfindungen, regen Emotionen an. Gelegentlich probt sie vor dem Spiegel, was sie mit dem Stift festhalten will. Dann lässt sie rechts und links abwechselnd Knie und Hüfte absinken. Das jeweils andere Knie wird schräggestellt, um das Gleichgewicht zu halten. Sie bewegt den Rumpf zum Spielbein hin oder dreht den Kopf gleichzeitig mit dem Vorschieben der rechten oder der linken Schulter. Ärgert sie sich, stützt sie den Arm in die Hüfte, als warte sie auf das Argument des Gegners. Gelegentlich lässt sie sich durch den Zusammenstoß der Formen altern, wenn im Gesicht Falten entstehen.

Das Wort „Ring" verbindet sich mit Unfreiheit und lässt sie nicht zur Ruhe kommen. Eine Verbindung, die die individuelle Ausprägung ihres Lebens nicht möglich macht, das wird ihr immer deutlicher zur Gewissheit, und das verbindet sich sofort mit Abgeschlossenheit, Eingesperrt sein, mit Unfreiheit. Trennt der Zufall vielleicht, was längst getrennt war? Margret streicht über die feuchte Stirne. Warum verbindet sich der Gedanke an den Brief, an das Wort „Ring" mit „Rheingold"? Alberich bietet der Ring Macht.

Sie setzt den Entschluss, die Entfernung zu vergrößern, zu Beginn der Ferien in die Tat um. Eine Studienreise ist es ausnahmsweise nicht. Da auch die Kollegin, mit der sie manchmal reiste, keine Zeit erübrigen kann, beschließt sie, allein zu fliegen, sich so auf ihr Problem zu konzentrieren. Was sie sucht, will sie mit wie ohne vorgeschriebenen Besichtigungen finden.

Mit einem lästigen Piepsen in der Nacht fängt es an. Jemand will dringend eine Dame sprechen, die sie nicht ist. Es liegt ihr sehr viel daran, sich vom Alltag und von allen Bekannten weit zu entfernen. Da sie in den frühen Morgenstunden fliegen will, empfindet sie die nächtliche Störung als besonders lästig. Aus Angst, verschlafen zu können, kommt sie nicht mehr zur Ruhe.

Mit ihrem Romanentwurf zwischen Wäsche und Kleidungsstücken nimmt sie ihre Weggefährtin mit. Zu zweit wird sie allein erleben, erfühlen, entdecken.

Was sie aber nicht weiß, ist die Absicht einer unsichtbaren Gefolgschaft. Sie reist nicht allein. Jemand scheint ihr zu folgen, Erkundigungen über sie eingezogen zu haben, oder bildet sie sich diesen beobachtenden Blick eines Mitreisenden nur ein? Er fährt wie sie zum Flughafen, steigt ein und aus, wo sie ein- und aussteigt. Nach der Ankunft am Flughafen in den frühen Morgenstunden scheint der Begleiter zuerst verschwunden zu sein. Sie fährt bis zu ihrem Bestimmungsort, findet schließlich ihr Quartier und stellt ihre Taschen ab.

Das Städtchen ist nur mit Schiff oder Bus erreichbar: St Ives an der Westküste der Insel. Meer, Felsen sind greifbar nahe, und der Blick von den Klippen aus auf die malerischen Dörfer Cornwalls bezaubert sie in den nächsten Tagen wie die Meerlandschaft. Land's End ist nicht das Ende der Welt, aber es setzt dem Besucher seltsame Grenzen, erweckt Gefühle wie kaum ein anderes Land. Es ist das Reich des Königs Artus.

Da es ihr um ein Wegtreten aus dem Alltag, um eine Konzentration auf das Problem, das der Ring erzeugte, geht, kann ihr nur die Besinnung auf die eigene Person nach den Mustern fernöstlicher Techniken, Praktiken helfen. Sie muss den eigenen Klang wieder hören können, um die Dissonanz zu bekämpfen, die der vom Dämon bestohlene Ring einbrachte. Das setzt innere Ruhe voraus.

Der Frühling heißt sie im seidig matt glänzenden Abendlicht willkommen. Sie schnuppert, riecht, wittert sie schon, die würzige Frühlingsluft mit dem salzigen Meergeschmack auf der Zunge. Unwillkürlich legt der Besucher der Insel Europas Müdigkeit mit dem Stress ab, die Sympathie für Abgründe, Abenteuer helfen dabei.

Ihr Blick verliert sich in der Weite der Meerlandschaft. Was würde sie als Beringte erwarten? Unfreiheit, eine gewisse Abhängigkeit von einem penibel pünktlichen Ehemann? Er demonstrierte wenig Verständnis. Haushaltsstress? Bald die Rolle der Mutter?

Kann das das Leben sein?, fragt sie sich immer wieder. Dazu ist sie zu jung, sie will neben dem Beruf studieren wie bisher, schreiben, malen und die Welt entdecken. Wie egoistisch!, beschimpft sie sich, aber sie weiß, dass sie es noch rechtzeitig erkannt hat, dass sie angesichts dieser Weite die Enge des Hausfrauenalltags unerträglich empfinden muss. Nein, schreit es in ihr. Nein.

An diesem Tag will sie König Artus besuchen, um Christus von einer anderen Seite zu betrachten, und mit ihm den Menschen, einen göttlichen Schöpfungsakt in seiner Individualität. Ihre Weggefährtin hat sie darauf gebracht, denn sie hat den Tag in ihrem Romanentwurf vorweggenommen. In bizarrer, wildromantischer Felsenlandschaft will sie das Schwert des König Artus suchen. Der Führer einer Reisegesellschaft erweist sich als hilfreich. Er kennt das Versteck.

Agnes, die Hauptfigur in ihrem Romanentwurf, lässt sich beeinflussen, vergleicht mit dem Reiseführer Jesu Abendmahl mit der Tafelrunde des König Artus, zieht Parallelen zwischen Artus Schwertwunder und Jesu Worten: „In deine Hände gebe ich meinen Geist." War das nicht die Macht-Rückgabe? Durch die Himmelfahrt entfernt sich der Sohn Gottes vom Mensch-Sein, während Morgane Artus entrückt.

Agnes vergleicht munter weiter, erkennt Artus' Sieg über das Böse durch Merlin verkörpert und Jesus' Sieg über den Teufel. Artus' Blut wie Jesus' Blut erlösen, schenken Unsterblichkeit.

Sie glaubt auf den Klippen der zerklüfteten Steilküste am Ende der Welt angelangt zu sein.

Es ist ein kraftvoller Morgen, voller Vogelstimmen, aber der Verfolger scheint vor Margret da gewesen zu sein. Sie hat ihn nicht wahrgenommen, aber gespürt. Sie weiß, dass sie hier niemand erwartet, und doch dieses undefinierbares Etwas. Über ihr ein Himmel wie aus dem Märchen geschnitten. Sie kennt den Mann nicht, hat ihn nie gesehen, aber er scheint auf ihre Ankunft vorbereitet zu sein, als wäre er zum Verfolger, Beobachter bestellt. Sein Erscheinen legt sich im Rhythmus einer unhörbaren Melodie beängstigend auf ihr Gemüt. Wer hat ihn bestellt? Gespannt verfolgt Margret seine Anwesenheit, seine Bewegungen. In Roberts Alter scheint er zu sein, sich sportlich zu kleiden. Er zeigt sich oft im Gespräch mit einem Paar, das zur gleichen Zeit mit ihm ankam. Nur schwer gelingt es Margret, sich desinteressiert zu geben. Sie vermutet einen Zusammenhang mit Robert. Unmittelbar neben ihm spuckt ein Passant im Vorbeigehen schwer in den Morgen, als akzeptierte er dessen Verhalten nicht, was Margret noch mehr verunsichert. Sie fröstelt in den schäumenden Tag. Wer hat aus welchem Grund den Beobachter bestellt? Nicht zufällig mutet sie ihn auch Agnes, ihrer Weggefährtin, zu. Bleischwer fällt diese Erkenntnis in ihre Überlegung. Der hechelnde, scharfe Wind zwingt ihr ein Tuch auf und die Frage, ob sie eine Metamorphose, eine Verfremdung aus ihrer peinlichen Situation ziehen würde. Aus den Rissen der Sehnsucht zwischen Nähe und Entfernung wächst der Verdacht, aus Misstrauen beobachtet zu werden. Ihr durch ihr Zögern, ihre Unentschlossenheit selbst gebasteltes Kreuz drückt sie so heftig, dass sie ihre Flucht bedauert, aber auch das so oft zum Klischee verkommene Wort „Liebe", das in ihrem Denken noch am Dorn der Definition hängt, zweifelt sie bereits an. Ist er es, der mir misstraut?, überlegt sie. Sie beschließt, sich verfremdet dem Beobachter zu entziehen und Robert zu Hause zur Rede zu stellen.

Da eine Studienreise vorausging, geht es ihr diesmal nicht um das pulsierende Leben in den verwinkelten Gassen der früheren Fischer-Viertel, nicht um Museen und die märchenhaften exotischen Paläste, die sie reizten. Nicht einmal um die feinsandigen Strände und Parks. Es geht um den Westen Cornwalls, St Ives, die Inselregion ist das Künstler-Viertel. Sie hofft auf Begegnungen und möchte erfahren, wie die Künstler hier leben. In Tintagel will sie sich umsehen. Das mit Schiefern gedeckte Steinhaus aus dem 14. Jahrhundert kennt sie wie die Ruinen von Arturs Schloss, aber die wildromantische Landschaft, die bizarren Felsformationen und schroffen Felsen reizen sie immer wieder neu. In den schmalen Gassen vom St Mary traf sie damals die Touristin, die sie ansprach. Auch sie hat es wieder hierhergezogen. Bei der Studienreise nahmen sie sich viel Zeit für die Ausgrabungen, die Hünengräber und auch für das historische Winchester. „Diesmal wollen wir nur abschalten", sagt sie. Als Ehefrau und Mutter und vom Berufsstress geprägt, bestätigt sie Margret. „Würde ich nicht ertragen, wäre mir zu stressig", sagt die nur. Der Ehemann ruft ungeduldig, und die Dame muss sich beeilen, verspricht aber, am nächsten Tag wieder zum Meer zu kommen. Sie nimmt sich vor, nachzufragen, ob auch ihr Problem in Zeiteinteilung oder Haltung und Einstellung liegt. Ja, fragen will sie, weil sie darüber reden muss. Agnes, ihre Weggefährtin ist noch nicht imstande, die Frage zu beantworten.

Sie ist es gewöhnt, körperliche Arbeit in Haus und Garten als Ausgleich zu empfinden und zu leisten. Nein, es geht um die Haltung des Partners, um die Akzeptanz für ihre Denk- und Verhaltensweise. Sie will es wissen, ob nur sie, ja, ob ihre Abhängigkeit von ihrer Unabhängigkeit allgemein als abnorm empfunden wird. Der Ring war es, der sie in Panik versetzte. Würde Robert nicht immer wieder versuchen, sie zu verändern, sie zu zwingen, sich seinen Wünschen und Vorstellungen anzupassen? Während sie darüber nachdenkt, sagt eine Stimme neben ihr: „Es muss ja nicht immer ein architektonisches Meisterwerk wie der Steinkreis sein." Stonehenge meint er. Sie hatte mit diesem Paar an der Rundfahrt teilgenommen. „Die Luft hier in Meernähe, die Ruhe sind erholsamer", ergänzt er. Das Paar ist zurückgekommen, um eine vergessene Jacke zu holen. „Typisch!", stellt er fest. „Meine Frau lässt immer etwas liegen, was sie nicht sofort braucht." Die Bescholtene fragt noch nach dem Professor, den sie kennt, bevor sie Land's End verlassen. Es fiele mir schwer zu bekennen, dass ein Ring die Entfernung erzwang, denkt Margret. Ihre Gedanken umkreisen die innere Entfernung, die sich permanent vergrößert. „Ende", sagt ihre Weggefährtin Agnes, aber sie meint das Ende der Beziehung. Sie hat den Verfolger entdeckt, für den Margret jeder Beweis fehlt. Wieder ist sie mit einer Wandergruppe unterwegs. Über Moor und Heideland gehen sie, besuchen den Nationalpark von Dartmoor. Dort trifft ihn Agnes mit einer Frau. Sind sie ihr gefolgt? Sie lachen, weil der Weg nach Bodwin am Garten Eden, am Paradies vorbeiführt. Ihr geht es vor allem um den See, in dem Artus sein Schwert versenkt hat. Er blinkt schon von weit her. Für sie bleibt der Verfolger unsichtbar, nicht für die Weggefährtin. Margret lebt zwischen Romanereignis und Realität. Es reißt sie ständig hin und her, und es dauert lange, bis sie sich wieder findet, bis sie mit sich und der Landschaft wieder allein ist. Sie spürt es, dass sie am Ende ihrer Beziehung steht, was diese Landschaft symbolisiert. Margret zeichnet die Landschaft und entdeckt mit dem Rhythmus den Menschen, den sie zu verlieren droht. Erkennen fordert Geduld.

Ein hartes, gleißendes Licht aber kündet paradoxerweise den Frühling an, helle Töne zwischen den blauen Schleiern.

Sie zeichnet die Klippen, das Ende von etwas wie ein Symbol: Ein Aufragen im Fels, im zerklüfteten Fels. Innere Bilder bedrängen sie, schaffen Formzusammenhänge. Ihre Energien verströmen, wenn sie malt oder schreibt, als würden soziale Beziehungen blockieren. Ohne schöpferisches Tun hätte sie ihr Leben als ungültig erklären müssen, das wird ihr angesichts der Situation ihrer Romanfigur bewusst.

Wenn sie den Pinsel mit dem Stift austauscht, blendet sie das Licht des Augenblicks, und es dauert nicht lange, bis aus einer Leer-Form ein Anfang wächst, Agnes wieder aus dem Bild in den Spiegel stürzt.

Draußen treibt der Wind die Wolken vor sich her, verriegelt mit einer dunklen Wand den Horizont. Sie kaut es lange, das Wort, bis es ihr fast verächtlich von den Lippen fällt. Ihre Gedanken widerlegen sich, streiten sich ab, finden schließlich Argumente für ihren plötzlichen Aufbruch. Ihre Vorstellung soll ihn nicht überfallen. Der unvorhergesehene Aufbruch bringt jedem Zeit für Überlegung und Argumentation. Das veränderte Wort, das ihr nicht sofort die Tragweite des Rings vor Augen stellte, ist die Ursache der Panik.

Er glaubt sie zu lieben, wie sie auch ihn liebt, aber der Begriff bedeutet für jeden etwas anderes. Ja, sie bewundert, liebt den Erfahrenen, vielseitig Gebildeten, viel Älteren, aber das Wort bekriecht sie so hinterhältig, dass es ihre Gedanken immer von Neuem widerlegt, sie saugt sich schließlich im Netzwerk ihrer Gedanken fest. Ihr schöpferisches Tun macht ihr Leben aus. Seine Definition des Begriffes „Frau" müsste ihr Wesen immer neu infrage stellen. Liebe, denkt sie, ist ohne Annahme individueller Eigenart nicht existent. Die Pfeiler ihrer Vermutungen stehen im weichen Schlamm der Wattlandschaft. Seit dem Abitur schließt der Begriff „Leben" schriftstellerische Tätigkeit ein. Vier Jahre später trafen sie sich zum ersten Male, glauben sich zu lieben, trotz seiner Vorbehalte. Warum begreift er nicht? Dumpfe Müdigkeit hängt an dieser Frage. Ihre Gedanken reichen vom Ende weit nach vorne, als wäre der Anfang nur vom Ende her verständlich. Ihre Gründlichkeit stapelt Argumente. Jeder erkannte die Leistung des Anderen trotz unterschiedlicher Vor- und Einstellungen, aber sie spürte es immer deutlicher, dass er die Frau, seine Frau in der Familie, nicht in der Öffentlichkeit platziert. In seinem Denken zählte sie zu seinem Besitz. Allein dieser Gedanke erscheint ihr unerträglich. Zwischen seinem Denken und seiner Liebe gefangen, bleibt kein Platz für ihre in literarischen Formen gesammelten Worte, den in Farben getauchten Emotionen, Ideen. So in Ketten gelegt, das weiß sie sicher, würde sie ausbrechen. Den Gedanken nimmt ihr der Wind mit dem Atem aus dem Mund. Er kommt vom Meer her. Noch liegt es ruhig in der Dämmerung vor ihr. Die weißen Schaumkrönchen in der Ferne sind es, die die Veränderung ankündigen. Eine Möwe kreischt über ihr. Margret hat an diesem Tage keine besondere körperliche Leistung vollbracht, aber ihre schweren Argumente, Gedanken sind die Ursache, dass ihre Erschöpfung Eigenleben gewinnt. Sie erhebt sich, lässt noch einmal den Blick vom Land-Ende aus über die unendliche Weite des Wassers gleiten und geht langsam zu ihrem Quartier. Für viele scheint der Feierabend begonnen zu haben, denn die Gassen spucken Menschenmassen aus. Sie braucht jetzt diesen Fußmarsch, diese Wegstrecke, um nicht einzuschlafen, um ihre Erschöpfung zu überwinden. Viele kommen mit Taschen, Mappen oder Rucksäcken, strömen zu den Parkplätzen. Ein Bus ist angekommen. Aber sie hat das Quartier im malerischen Dorf Mouse Hole am Land-Ende bezogen, nicht in St Ives, um den Atlantik vom Fenster aus und das Ende, den letzten Land-Rand, diesen westlichsten Punkt Englands, im Blick zu haben. Es ist die kontrastreichste Landschaft, die sie kennt, kommt ihrer Aufgewühltheit, diesem Hin- und-Hergerissen-Werden entgegen und charakterisiert ihre gegenwärtige seelische Verfassung, wenn ihr auch gleichzeitig der die Naivität verkörpernde Parsifal nicht aus dem Sinn geht, der den Gral, vermutlich den Kelch mit Artus Blut sucht. Artus, der sich im Kampf mit dem Sohn eine tödliche Wunde zuzog, der Gralsmythos kommt dem christlichen Erlösungsgedanken sehr nahe, hat sie auf seltsame Weise berührt. Auch Parsifal sucht die Erlösung.

Über Margret erklingen gerade die Schlussakkorde der Abschiedssinfonie, denn das Unwetter verriegelt bereits den Horizont. Der Schlaf überfällt sie, sobald sie das Bett erreicht hat. Finsternis liegt über Land und Meer. „Der Zufall hat entschieden", sagt sie vor sich hin, aber sie überlässt ihn ihrem Schutzgeist, denn das Wort „Zufall" trägt den Fall in sich, wenn Zufälle auch schöpferisch sind.

Es ist die Denkweise, die die Frau als „nur Hausfrau und Mutter" meint, die Agnes dem Gatten vorwirft. Sie spürt die sich langsam vergrößernde Distanz, die sich im Raum bläht, ihn einnimmt. Er vermutet Langeweile, will die Frau unterhalten und bringt den Kollegen mit seiner Frau mit. Agnes begrüßt sie, bewirtet den Besuch, enttäuscht aber die Dame, die sich den Austausch von guten Rezepten erwartet und Gespräche unter Hausfrauen. Nein, Agnes interessiert sich für die Forschungsergebnisse des jungen Professors, den Kollegen des Gatten. Es geht um Robotik im Vergleich zu Affen-Experimenten. Man lehrte Affen, denen von Natur aus der Stimmapparat fehlt, erfolgreich die Taubstummen-Sprache. Der Forscher erkannte die Fähigkeiten der Tiere, zu abstrahieren, sich einen großen Wortschatz zu erwerben und sich mit der Zeichensprache zu verständigen. Die Affen bildeten Begriffe, lernten durch Erfahrung wie der Mensch, schienen sogar ebenso gut zu abstrahieren. Mit diesen Fähigkeiten wollte man einen Roboter begaben. Er sollte schreiben lernen, Probleme selbstständig lösen, abstrahieren und durch Erfahrungen lernen, sein Verhalten ändern. Daher erforschte man Nervenbahnen, die sich im Körper verzweigen. Ernährung und Erfahrung wurden als Grundsteine der Entwicklung gesehen.

Es kracht, und Margret schreckt auf. Sie hat bis in die Morgenstunden geschrieben. Der Sturm reißt mit Wucht den Rollladen nach unten. Sie springt auf, will das Fenster öffnen, aber die Naturgewalt ist stärker. Das aufgewühlte Meer schlägt den Takt an den Felsen. Margret schließt das Fenster, will sich nicht auf diesen Kampf mit dem Sturm einlassen. Dann versucht sie wieder einzuschlafen. Im Traum durchbricht sie jede Abmachung und liegt in Roberts Armen. Sie liebt ihn wie Agnes den Ehemann, aber sie glaubt trotzdem die Vorstellung, ein Leben lang nur eine Rolle spielen zu können, die ihr zu eng und zu klein erscheint, nicht ertragen zu können.

Dann wirft sie das Wort, das die Turbulenzen schafft, von den Lippen, zwingt es in Definitionen.

Liegt es wirklich an der Definition?, fragt sie laut.

Noch ein Wort drängt sich in ihr auf. Sie wagt es kaum zu denken und beschimpft sich als egozentrisch. Aber Margret kennt sich, hat es mit Agnes begriffen, als sie der Brief, als sie das Wort „Ring" herausforderte. Nicht der Gegenstand, das Wort ist es, das uns angreift oder bestätigt, das Freude, Trauer oder Verzweiflung sät. Agnes erträgt die Unfreiheit nicht, bis sie sich erinnert: Aber sie hat sich doch entschieden. Agnes ist verheiratet.

Wie sich der alte Mann auf der Straße durchsetzt, so kämpft sie mit dem Ehemann, um seine Anerkennung. Ihre schöpferische Tätigkeit bringt nichts ein, aber sie kann und will sie nicht missen, was er nicht versteht. Sieht er sie an der Staffelei stehen, lacht er, fragt nach verkauften Bildern, nach Bestellungen, ohne die Qualität der Bilder zu erkennen, oder er legt das neu erschienene Buch zur Seite, „wenn ich einmal Zeit finde", beweist sein Desinteresse an Büchern, die nicht unmittelbar mit Berufsarbeit zu tun haben. Ihre philosophisch getränkte Lyrik bezeichnet er als „verstiegen". Es gibt keinen offenen Ehezwist, aber Unverständnis schwelt im Raum.

Agnes malt Hafenanlagen in hellen Farben, lässt Rot dominieren. König Artus Festung in Tintagel strahlt in Farben, trotz des grauen Felsgesteins, Erlösung aus, während die Dartmoor-Landschaft als düster, sagenumhüllt, geheimnisvoll empfunden wird, weil Margret sie düster sieht. Selbst die Rinderherden, die zu Südenglands Landschaft gehören, fehlen nie. Obwohl es Margret immer hinaus auf die gefährlichen Klippen, die fast schwarzen Felsbrocken zieht, beschäftigen Agnes die geometrisch ausgerichteten Straßenzüge in Plymouth wie die Hafenviertel. Was die Weggefährtin mit ihr verbindet, scheint das an den Himmel getupfte Rotviolett zwischen tiefem Blau zu sein. Fast täglich sammelt Margret an der sagenumwobenen Spitze Erfahrungen und Informationen ein, um Agnes anzuregen. Sie glaubt, diese im Atlantik endenden Felsbrocken für ihre Erkenntnisse zu benötigen, die sie an Agnes weitergibt.

Margret reflektiert über das Ende von etwas. Ihr Blick gleitet über die Wasseroberfläche, die sich nach dem nächtlichen Sturm wieder beruhigt hat. Durch Ultramarin, Zinnoberrot, gelben Ocker entfremdet Agnes Meer und Himmel, Täler und Schluchten. Farbintensität soll in Schattenzonen Lichtwirkung erzielen. In der Dämmerung leuchten die Blautöne auf. Blauweiß reflektiert das Licht. Auf der anderen Seite setzt das Licht im Blau gelbe Akzente.

Zwei große Bedürfnisse kämpfen erbittert in Agnes' Brust. Ihre Liebe zu ihrem Ehemann und ihr schöpferisches Tun, ohne dass sie Leben nicht für möglich hält. Sie rivalisieren.

Reinhard glaubt die Frau ohne ihr produktives Schaffen, das er für Zeitverschwendung hält, befriedigen zu können, und ist im dritten Ehejahr über den Misserfolg enttäuscht. Agnes hat Margret längst überholt. Glauben die Männer die Frauen in der Ehe verändern, ihren Wünschen anpassen zu können? Agnes fällt aus dem Rahmen. Es gelingt ihm nicht, die Frau seinem Wunschbild anzupassen. Der Rahmen erweist sich als zu klein. Nicht selten versteckt Reinhard seinen geronnenen Ärger hinter Ironie. Möglichkeiten, sie zu beeinflussen, reiht er wie Perlen an der Schnur auf. Sie passt nicht in den Rahmen, den er mit viel Geschick schnitzt, obwohl er ihren geplanten Gesichtswechsel wie ein Gedicht beherrscht. Margret ordnet es dem Unterschied zu. Sie weiß es, dass sie nicht wie die Weggefährtin wie ein Schmetterling durch den Frühling taumeln könnte. Sie würde ihre Ehe gefährden, trotzig zu einem Gegenschlag ausholen. Wie die Libelle kennt Margret das Wasser, schilfbewachsen, und tanzt, ohne es in seiner Tiefe zu ergründen. Darin unterscheidet sie sich von Agnes. Beide lassen sich nicht auf ein Verhaltensmuster dressieren, das ihnen nicht entspricht. Darf sie Agnes nicht aus dem Rahmen fallen lassen? Wie ein Wachtposten patrouilliert Margret mit ihren schweren Gedanken, Ideen, an den Klippen entlang.

Noch dehnt sich der Himmel trocken über ihr trotz der düsteren kleinen Wolken, denkt sie an den Freund. Sie bleibt standhaft bei ihrer Definition und lacht, weil sie eine so starke Emotion von einer Definition abhängig sieht. Bis in die Fingerspitzen spürt sie die Erwartung des Ausgangs. Wie mit einer unsichtbaren Antenne greift sie die Antwort aus der Luft. Sie beschließt, Agnes einen Ehemann anzubieten, dessen Liebe mit dem Verständnis für ihre schöpferische Tätigkeit wächst. Mit ihr Schritt halten wird sie nicht, davon ist sie überzeugt.

Wie einen Moralkodex spult sie seine Gewohnheiten vor ihrem geistigen Auge ab. Reinhard verwechselt sich mit Robert. Es ist kein Fehler, sagt sie sich, strebsam, sorgfältig, etwas penibel zu sein, nicht ungewöhnlich, dass Menschen im Beruf mit vollem Einsatz arbeiten. Es zweifelt auch keiner der Ehepartner an, dass der

Andere ihn liebt. Margret schüttelt den Kopf, aber sie kann seine Stimme in ihrem Ohr nicht abschütteln: Sie bringt sich immer wieder in Erinnerung: „Das Buch ist interessant, aber ich verstehe nicht, dass du so viel Zeit und Mühe neben deinem Beruf investierst." Er glaubt den Sinn aufgebrachter Zeit und Energie nur im Erlös zu erkennen. Dass den Schriftsteller das Schreiben wie dem Maler das Malen Bedürfnis sein muss, versteht er nicht, oder will er es nicht verstehen? Liegt es an der Jahreszeit, dass sie seine Worte wie Hagelkörner im Frühling empfindet? Kein sanfter, nein, eher ein harter, brutaler Flügelschlag ist es, der sie trifft.

Hinter ihr stürzt ein schwarzer Felsbrocken in die Tiefe. Margret weiß, dass sie kein Leben führen kann, das sich in Nebel auflöst. Der Felsbrocken hat ihren Weg versperrt, aber sie kann nur der Sonne entgegengehen und überklettert das Hindernis mühsam. Mitten in die Strahlen hinein geht sie, wenn auch ohne die wärmende Wirkung wahrzunehmen. Agnes lässt sie in Gedanken das Sternzeichen befragen: Bedächtig, nichts kann seine Ruhe stören, typisch für den Stier, den Mai-Geborenen, überlegt sie. Jeden Menschen zwingt der Beruf bestimmte Eigenschaften, Verhaltensweisen auf. Reinhard ändert nicht gerne seine Meinung. Er wirkt gelassen, lässt sich durch nichts erschüttern. Er liebt wie Robert, wie sie klassische Musik, bleibt geduldig und standhaft, aber seine Autorität muss konsequent, verlässlich gewahrt bleiben, trotz seiner Toleranz. Jeder vertritt seine Meinung, wenn er auch lächelt, weil er nicht verstehen kann. Margret seufzt, beschleunigt den Schritt. Aber dann wieder im Ort gerät sie vom Weg ab. Welcher Dämon hat den Ort vergiftet? das Flüsternetz gesponnen? Etwas Unerklärliches schwelt durch die Straßen. Hat ein Missverständnis oder eine Verwechslung das ganze Viertel verhetzt? Sie schaudert.

Worum geht es? Was wollen diese Menschen von Agnes? Lässt sie vielleicht der Ehemann überwachen? Er fürchtet keineswegs die Untreue der Ehefrau, nein, er fürchtet vielleicht ihren Umgang und den Einfluss der Menschen, die wie sie schöpferisch tätig sind, sich an Ausstellungen und Messen beteiligen. Eine Selbstverständlichkeit, aber nicht für Reinhard. „Eine Marotte", nennen es die Bekannten. Margrets Streifzüge schränkt an diesem Tage der Windatem ein. Als wäre ihr der eigene Schatten angenäht, so dicht, so verlässlich folgt er ihr. Ist das der Grund, weil sich die Distanz vergrößert hat, sich mit neuem Atem einmischt? Trotzig wirft sie das Wort „Liebe" von den Lippen. Liebe oder Sklaverei? Agnes hat sich gebunden, geheiratet, aber sie blieb der gleiche Mensch mit all ihren Eigenschaften, Vorlieben und mit ihren Fähigkeiten. Nicht Rivalität fürchtet er, aber Vorbilder, die sie bestätigen, verstärken. Es schreckt sie, dass der Schatten, der ihr folgt, aus den Türen kommt, in die sie hineingeht, die Ausstellungen betritt, die sie verlässt, obwohl sie die Hitze anfällt und wenig Menschen unterwegs sind. Robert würde doch nie – denkt Margret. Sie klettert wieder. Gehen ist längst nicht mehr möglich. Die Felswände werden immer höher, die Ränder immer spitzer und der Weg steiler. Ihr Blick verfängt sich im Meer. Die an den Felsen stürzende Flut transportiert eine Auseinandersetzung mit Robert in die Gedanken. Meinungsverschiedenheiten hängen nicht mit Lautstärke zusammen. Jeder begnügt sich mit ironischen Bemerkungen, Margret impulsiv, Robert zurückhaltend, überlegt. „Für welche Ausstellung in welchem Land ist das Gemälde gedacht?" Seine Frage springt mit dem Licht zwischen den Wellen herum. Sie versteht nicht, was er bezwecken will, er begreift nicht, dass seine Verständnislosigkeit ihre Liebe zu zerstören droht. Wie ein fahrender Zug huschen seine Sätze, Fragen schattenhaft an ihr vorbei, versinken in der schwarzen Tiefe des Meeres. Wie bei einem zeitlichen Nachtrauern einer Beziehung versucht sie ihre Gedanken zu ordnen, immer das Nochnicht vor Augen. Agnes wird sie es überlassen.

Am Abend sammelt sie ihre Eindrücke in Farben ein, denn Agnes soll den Ehemann mit diesem Gemälde in der Ausstellung, von der sie glaubt, dass er sie verhindern oder ihre Teilnahme blockieren wollte, überraschen. Den Ausstellungstermin hat sie bereits festgelegt. Was fürchtet Reinhard eigentlich?, überlegt die Verfasserin. Sie hat sich noch nicht so genau festgelegt, lässt es zu, dass sich Agnes zuweilen verselbstständigt.

Margret rückt bei der Rückkehr den Tisch auf dem kleinen Balkon ihrer Pension zurecht, dass sie den Blick auf Felsklippen und Meer richten kann.

Die Natur schafft Farben durch Absorption oder Reflexion von Lichtwellen. Sie weiß, dass Violett die kürzeste und Rot die längste Wellenlänge besitzt. Also mischt sie mit einem Bindemittel versehene pulverisierte Pigmente, um Lichtfarben auf das große Zeichenblatt zu zaubern, um die Landschaft, die sie fasziniert, für Agnes in Lichtfarben zu tauchen. Das weiße Licht enthält die Regenbogenfarben. Die Malerin lässt Rot, Blau, Indigo und Violett entstehen. Für die Felsenklippen hat sie Spanischbraun und Umbra vorgesehen. Vielleicht wird sie aber die Felsklippen auf Schwarz, Braun und Grau festlegen. Farbflecken und Farbstreifen simulieren die Bewegung von fließendem Wasser. Ihr Blick folgt dem Meeresspiegel. Von weitem wirkt er sehr ruhig, fast unheimlich. Nicht die abendliche Stille, der Friede sind es, eher etwas Unerwartetes. Es fehlt das Gelb des funkelnden Sonnenlichtes. Dann überlegt sie, wie das Licht in Bewegung geraten könnte. Sie steht auf, betrachtet das Meer von allen Seiten von oben, schaut in den Himmel und wiederholt ihre Bewegungen, bevor sie weiße Wölkchen locker ins Blau setzt. Margret schüttelt den Kopf, scheint nicht einverstanden zu sein, aber die Missbilligung bezieht sich nicht auf das Gemälde. „Das Ende?", murmelt sie. „Nein, das darf nicht das Ende, nicht das Ende unserer Beziehung sein." Sie dehnt und dehnt sich, als könnte sie die eigene Haut, die zu eng erscheint, so weiten, sich befreien.

„Wie sollte ich werden, die ich nie war!" Worte, die sie Agnes in den Mund legt, meinen auch ihre Person. Sie denkt an die ausschließlich liebende Frau. Margret war immer berufstätig und zugleich schöpferisch tätig und legt großen Wert auf Erfolg und

Anerkennung. Warum soll sie deshalb die emotionale Beziehung zurücknehmen?

Es gab doch vergleichbare Fälle und gibt sie immer noch. Viele Frauen führen eine glückliche Ehe, ohne die schöpferischen Fähigkeiten brachliegen zu lassen, während andere den Beruf beibehalten, obwohl Kinder zur Familie gehören. Das Eine schließt das Andere nicht aus. Auch Agnes liebt nicht rückhaltlos, weil sie sich von ihrer Begriffsvorstellung nicht lösen kann. Immer wieder sagt sie es, ob laut oder stimmlos: „Wer den Partner zu lieben glaubt, muss ihn annehmen, wie er ist, mit allen seinen Fehlern und Schwächen." Robert sieht natürlich nicht das Weibchen, die Mutter und Nur-Hausfrau in ihr. Wenn sie diskutieren, staunt er immer von Neuem über ihr analysierendes Denken, das auch vom Partner logische Ausführungen, Argumentation fordert. Es wäre einfacher, der Stimme des Herzens zu folgen. Weglaufen ist also keine Lösung. Wie einfach wäre es, könnte sie als Margret verschwinden, um nach vier Wochen als neuer Mensch wieder aufzutauchen. Das würde die Beziehung nur nach außen hin verbessern. Sie hofft dass die Einsamkeit, die Melancholie des Atlantiks ihr einen Weg zeigt, einen Weg zu ihm, ohne sich untreu zu werden, ohne sich eines Tages aufzugeben. Sie weiß es, dass sie dann verloren wäre. Natur schafft Raum für Besinnung, Weite und Stille und das Spiel des Lichtes, das den Blick anzieht. Sie wird das Wort Liebe nicht neu definieren, aber vielleicht mit Hilfe anderer neu argumentieren lernen. Auf einer Schiffsreise in einem Schlupfwinkel zur Besinnung kommen, vielleicht auch durch Erfahrungen anderer lernen, Probleme neu zu bewältigen.

Margret informiert sich über Schiffsreisen über den Atlantik vom Land-Ende aus.

Sie sieht ihn nach dieser Unterredung vor sich, wie er das Kinn mit der Hand stützt und sie betrachtet. Ihr Verhalten, die Entscheidungen verunsichern ihn oft. Das neu erschienene Buch liest er zurzeit; nicht aus Interesse, wie sie vermutet, aber mit Wohlgefallen.

In ihrem neuen Roman zeigt Agnes Reinhard gerade ihr neues Gemälde, sie hat sich bei ihrem letzten Werk mit seiner Unterstützung durchgesetzt. Er kennt viele Verantwortliche und besitzt Einfluss. Den so lieben Schoßhund-Blick aber, den Margret soeben beobachtet hat, sucht er vergeblich. Er erhofft Käufer. Sie freut sich über seine Hilfe. Sein oft galliger Ton, wenn es um ihre Arbeiten geht, zeigt trotzdem seinen Missmut und begründet ihn mit „Zeitverschwendung". Ihr Bericht über die Ausstellung hat nur den Ansatz eines Lächelns ausgelöst. Ihre Unbekümmertheit und Erwartung wundern ihn immer wieder neu. Margret kann nicht anders. Sie muss ihre Emotionen auf sie übertragen.

Es ist keine Besichtigungsreise mit Landausflügen, an der sie teilnimmt. Die Passagiere wollen wie sie das Meer, den Atlantik genießen. An Stille und Abgeschiedenheit ist nicht zu denken. Trotzdem findet Margret Möglichkeiten, ihre emotionale Beziehung neu zu überprüfen, zu vergleichen.

Ein Paar fällt in ihren Blick. Ihre Vermutung, es könnte sich um Vater und Tochter handeln, bewahrheitet sich nicht. Was Margrets Aufmerksamkeit erregt, ist die Abhängigkeit der noch jungen Frau, die seine Augen braucht, um die Landschaft zu betrachten, zu genießen, die seinen Arm braucht, um sich sicher, geschützt zu fühlen. Die Beobachterin schüttelt den Kopf über so viel Abhängigkeit, Unselbstständigkeit. Sie sitzt an Deck, schreibt zuerst, pinselt später auf einem Zeichenblatt herum. Blaue Klänge über der tief am Horizont stehenden Abendsonne. Leuchtendes Rot schimmert am Horizont. Weiß erzeugt Lichtreflexe in dem heftig bewegten Wasser. Über ihr scheint zuweilen weißes Licht auf. Die Malerin versucht die junge Frau ins Bild zu bringen, den Partner seitlich zu setzen. Die junge Frau geht ihm entgegen, lehnt sich an ihn, als könnte sie nicht selbstständig stehen. Margrets Ohr folgt interessiert dem Gespräch, aber es bedarf nicht der Worte, um sich zu verständigen. Zustimmend nickt sie zu seinen Ausführungen über Meer und Himmel, den bedrohlichen Prognosen. Er erwartet ein

Unwetter und die junge Frau nickt abermals, sucht Schutz in seinem Arm. Auch seinem Vorschlag, im nächsten Jahr in die Südsee zu reisen, stimmt sie lächelnd zu. Es gibt nur eine Meinung, die des Partners, nur eine Möglichkeit, glücklich zu sein, die, die er für die einzige hält. Margret bekriecht ein seltsames Gefühl, weil sie weiß, dass Robert an seiner Stelle glücklich wäre. Sie seufzt, fragt sich, ob ihr vielleicht diese romantische Ader im Gefäßsystem fehlt. Sie hasst jede Form der Bevormundung, seit sie erwachsen ist, obwohl sie wie in der Kindheit von den Erfahrungen und dem Wissen Anderer zu profitieren versucht. Auch jetzt schätzt sie das Wissen, die Erfahrungen des viel Älteren, aber sie bleibt die selbstständige, emanzipierte Frau, und die sich daraus ergebende Diskrepanz schafft die Probleme. Sie kann es nicht verhindern, dass sie über Agnes' Bezugslosigkeit erschrickt, eine Bezugslosigkeit, die den Ehemann frösteln lässt. Die Situation des Rings aber bleibt für Margret immer noch unverständlich. Sie saßen in seinem Arbeitszimmer, um die Ausführungen zu einer wissenschaftlichen Arbeit zu vergleichen. Als sie sich verabschiedet hatten, öffnete er die Türe zum Schlafzimmer, um ihr eine Daunendecke für den Winter zu zeigen, die er zufällig entdeckte und kaufte. Sie wusste es, dass er seinem Bedürfnis nachgeben wollte, seine Einzelhaft aufzugeben. Keiner zweifelte daran, wer als Partner infrage kam. Sie liebten sich seit langem, aber auf einer Ebene, die noch keine Ansprüche zulässt. Der Überfall durch den Ring hat sie erschreckt, weil sie noch nicht bereit war, sich zu früh zu binden. Die Zeit strömt mit einer Frage in sie zurück. „Wie lange willst du dich noch aufheben?" Nein, darum ging es und geht es immer noch nicht. Schon immer jagte sie in einer etwas ungewöhnlichen Weise dem Leben hinterher oder entgegen. Sie löffelt alles, was sich an Wissen und Können bietet, in sich hinein, studiert neben dem Lehrberuf, schreibt und malt auch gelegentlich. Freie Zeit nützt sie für den Sport. Aber Margret versucht auch bei der jährlichen Studienreise ein Stück Welt hautnah kennen zu lernen. Die Eltern nennen es „Verplanung des Lebens". Nie findet sie genügend Zeit. Das sind die Gründe, warum sie sich nicht zu früh mit einer Familie belasten will. Es gibt noch so Vieles, das sie kennenlernen, vielleicht auch noch studieren möchte, wenn sie ihr Studium neben dem Beruf abgeschlossen hat. Eigentlich wundert sie sich, dass sie sich über ihren Schrecken über den Ring wunderte. Ja, Robert wird das, was sie Besinnungspause nennt, als Flucht empfinden. Sie glaubt seinen ironisch-gelassenen Blick vor sich zu sehen. Wer versucht, die Welt in sich abzufüllen, alle Sinne und Kräfte dafür einsetzt, erträgt derartige Herausforderungen nicht. Margret wird immer wieder bewusst, dass sie Robert nicht verlieren will, weil sie ihn wirklich liebt, aber er vermag ihren Gedankengängen, ihren Überlegungen, die ihm so fern liegen, nicht zu folgen. Leben ist Bewegung, geistig wie körperlich. Eine zu frühe Bindung würde sie lähmen. Sie spürt es, dass etwas Undefinierbares unterschwellig brodelt und schwelt. Nicht die Zeit treibt sie, wie sie alle vermuten, durch das Leben. Nein! Das Leben bewegt sich durch die Zeit. Mitten in ihre Gedankenspiralen hinein melden zwei Möwen mit heiseren Schreien Land an, eine Inselgruppe scheint es zu sein.

Auch die junge Frau in ihrer Nähe reißt der Möwenschrei aus den Armen ihres Partners, der mit dem Feldstecher das angekündigte Land sucht. Ihre schweren Gedanken tragen die Schuld, dass sie selbst das Land unter ihren Füßen zu verlieren droht. Mühsam versucht sie, wieder Boden zu gewinnen. Immer wieder gerät sie in Versuchung, ihn anzurufen, eine Karte zu schreiben, aber sie haben vereinbart, sich vier Wochen lang nicht miteinander in Verbindung zu setzen, das Schweigen nicht zu durchbrechen. Es fällt Margret schwer, keinen Kontakt aufzunehmen. Oft plagen sie Zweifel, sie könnte Robert unterstellen, er würde sie ihrer so unterschiedlichen Denkweise wegen nicht wirklich lieben. Sie denkt an sein Kopfschütteln über ihre Zeitverschwendung, wenn sie schreibt. Er empfindet sie als „ruhelos". Das Leben braucht diese Rückgriffe auf Vergangenes. Roberts Reaktionen auf ihre Vorstellung vom Leben verunsichern sie sogar in der Erinnerung. Trotz ihrer unheilbaren Liebe prallen nicht vereinbare Erwartungen aufeinander. Das ist es, warum sie der Gedanke an den Ring beunruhigt. Agnes erforscht ihr Gewissen, sucht in ihrem Wesen, ihrem Sternbild Ursachen. Fehlt ihr vielleicht der natürliche Instinkt der Frau, einen Hausstand zu gründen? An der Stelle eines Bedürfnisses fühlt sie den Widerstand in ihr aufsteigen. Auch Agnes war berufstätig. Versorgung spielte auch für sie keine Rolle. Einsamkeit, Langeweile können nicht entscheidend gewesen sein, denn Margret kennt sie nicht, leidet eher an Zeitmangel. Agnes überprüft das Sternzeichen: Störrisch wie ein Bock, gelehrig wie ein Delphin? Margret lacht. Robert ist auch ehrgeizig, strebsam und zielstrebig wie sie, aber wie Reinhard stellt er andere Ansprüche an das Leben. Utopischen Zielen tanzt sie nicht entgegen, eher realen. Sie will wissen, was sie nicht weiß, kennenlernen, was sie nicht kennt. Die Mutter behauptet deshalb, sie nicht mehr mit Büchern sehen zu können. Unzufriedenheit schwebt in der Luft, wenn sie zu später Stunde noch ihre Wörter zusammenruft. Sieht Robert vielleicht ein Zeichen der Unruhe der Unreife in ihren Gewohnheiten, die auch den Eltern missfallen? Agnes Sternzeichen verweist auf Erfolgsstreben, Leistungsbewusstsein, auf Triebschwäche, denn der Verstand dominiert. Auch er ist ein Verstandesmensch, und in ihrer kühlen Distanz sind sie sich sehr ähnlich. Keiner jagt Illusionen nach. Vielleicht, denkt Margret, erwartet Robert den Gegenpol in ihr, Gefühlsbetontheit? Auch er handelt überlegt, weiß Konflikte zu vermeiden. Unüberwindbare Gegensätze sind es nicht, die sie trennen.

Margret wirft einen Blick nach dem Paar in ihrer Nähe aus. Vielleicht sucht er gerade, was er in ihr nicht finden kann, die Frau. Ihre Altersgenossinnen gründeten längst Familien, erzogen Kinder. Dazu aber glaubt sie noch keine Zeit zu besitzen. Robert teilt ihr Interesse an der Musik, an der Kunst, wandert gerne wie sie, aber er scheint die Schriftstellerin nicht zu ertragen. Margret seufzt ver-

nehmlich, und doch, das weiß sie, kommen sie nicht voneinander los.
    Langsam folgt sie den anderen Fahrgästen und geht an Land, ihre Gedankenlast hinter sich herschleppend. Sie strebt kein Leben an, das an ihr vorbeibraust, aber sie kann es sich nicht ohne Robert vorstellen. Seine ruhige Besonnenheit wirkt ausgleichend. Seine Hand bietet Schutz. Erschrocken zieht sie sie sofort ein. Ihre schöpferische Kraft aber ist von ihrer Unabhängigkeit abhängig. Der Gedanke an eine lebenslange Bindung schnürt ihr die Kehle zu.
    Sie stehen auf einem Stück Land mitten im Wasser. Etwa 45 Kilometer segelten sie gen Westen zu den Scilly-Inseln und haben sie erreicht. Margret will die Zeit zum Schwimmen nützen, um ihre Sehnsucht nach der Weite des Meeres zu stillen. Familiär gibt sich der Atlantik hier nicht. Weit und breit sind keine Kinder zu sehen. Als könnte das Plätschern der Wellen ihre Unruhe beseitigen, sie befreien, weil das Meer hier auf keiner Seite von Klippen, zerklüfteten Felsen eingefasst ist wie in Land's End, wo der Atlantik aus der Steilküste herausgebrochen erscheint. Das Wasser ist sehr warm. Vielleicht spielt der Atlantik Mittelmeer. Margret schaut auf die im Gegenlicht langen Wasserbänder, auf die hellen breiten Streifen zwischen dunklen, kälteren Zonen, über denen die Sonnenstrahlen spielen wie im Licht. Sie schwimmt, dem Element Wasser verfallen, weit ins Meer hinaus, überlässt sich dem Rhythmus des Wassers, als müsste sie ein bestimmtes Pensum abschwimmen, immer den Horizont im Auge, um das Risiko so gering wie möglich zu halten. Margret kennt die Unberechenbarkeit des Atlantiks genau. Endlich tanzen ihre Gedanken nicht mehr um den Ring. Sie schwimmt sich frei, trotzdem hellwach, die Wellen im Blick. Die Bewegung beruhigt den Nerv, auf dem der Gedanke an den Ring so beharrlich herumbohrt. Sie schwimmt, als ginge es um ihr Leben. „Na, sind Sie Ihre Kräfte losgeworden?", begrüßt sie ein Mitreisender, der mit dem unzertrennlichen Paar im Gespräch; Hand in Hand gehen Beide am Ufer entlang. Für diese Frau gibt es keine Alternative. Sie

kann ohne den Partner nicht leben. Das scheint so weit zu gehen, dass er ihr sogar Selbstständigkeit, Selbstbestimmung vorspiegelt, aber die Art der Speisen auswählt. Margret gegenüber sucht er den Grund der Bevormundung in „Verdauungsproblemen". „Sie überfordert ihr Verdauungssystem", sagt er. Sie lächelt und nickt.

Der reife Mensch ist nicht labil, hat es nicht nötig, Ego-Bezogenheit zu betonen. Ein starkes Ego verwirklicht sich selbst, braucht weder überflüssige Energien, noch Selbstbespiegelung. Das schwache Ich dieser jungen Frau sucht offensichtlich die Bestätigung durch den Partner. Seine Eindrücke, seine Meinung, Stellungnahme werden von ihr in Ausdruck umgesetzt. Warum sollte sie Stärke zeigen, ihr individuelles Sein in diesem Fall durchsetzen? Der Eigenständige, der zu sich selbst findet, will seine Individualität auch leben, entfalten. Dieses Bedürfnis fehlt ihr. Es entgeht dem Beobachter nicht, dass sie ihren Freund unkritisch sieht, seine Meinung, Vorstellung nicht hinterfragt. Sie wächst in seine Einstellung, seine Denkweise hinein, und er bestimmt ihr Leben. Margret führt sogar deren energielosen, müden Eindruck, den sie hinterlässt, darauf zurück, weil sie selbst großen Wert auf den Ausgleich von Anspannung und Entspannung, von Eindruck und Ausdruck, auf Selbstentscheidung legt, die alle Energien, den ganzen Menschen fordern. Sie ist es gewöhnt, das Leben unbeeinflusst zu planen, Ziele zu setzen und selbstverantwortlich zu realisieren, nicht die Zeit weg zu leben, wie sie gerade kommt. Sie kann sich beim Anblick dieses Paares eines kühlen Schauers nicht erwehren. Nervös knabbert sie an ihren Lippen herum.

Am Abend findet sie genügend Worte für Agnes' düstere Stellen am Horizont, und wenn die Zeit zurückströmt in ihr, stößt auch sie an Roberts Worte, an seine vermuteten Erwartungen und Ansprüche an das Leben. „Warum dieser Zeitaufwand?" Sie spürt die Unzufriedenheit in sich hineinkriechen. Zufriedenheit aber stärkt das Immunsystem, hält es stabil und gesund.

Wieder springt sie mitten ins Wasser, überlässt sich den Wellen. Überlegenheit anderer nützen, ohne sich bevormunden zu lassen denkt sie und kämpft mit den Wellen, die ihre letzten Energien fordern. Heftige Atemgeräusche neben ihr lassen sie den Kopf wenden. Sie ist nicht allein. Ein schwarzer Haarschopf schwimmt auf dem Wasser, passt sich der Wellenbewegung, dem Rhythmus des Wassers an. Dann, an Land, das übersteuerte Zungenspiel. Das Wesen mit dem schwarzen Haar singt. Margret versteht die Worte nicht. Die Bewegung gleicht einem Tanz, scheint der Körperwärme zu dienen. Geringschätzung im Blick, stellt der Herr mit der jungen Frau am Arm fest: „Typisch Zigeunerin!"

Da die Dunkelheit bereits um sich greift, beleuchten Lampen des Schiffes, das vor Anker liegt, die Umgebung. Das Licht schwimmt auf dem Wasser, was zu einem Lichtspektakel zwischen den Wellen führt. Es beleuchtet auch den wilden Tanz der Zigeunerin, die sich bemüht, den Körper zu trocknen und zu wärmen. Schließlich wechseln beide Schwimmerinnen die nassen Kleider im Gang der Toilette und kommen, wenn auch etwas schleppend ins Gespräch.

Margret hatte sie vor Jahren auf einer Studienreise zufällig kennen gelernt. Sie tanzte und sang auf einem Platz, der für den Zirkus vorgesehen war, auf dem drei Zigeunerwagen standen. Wie die anderen Passanten hatte sie ihr einen Geldschein zugesteckt. Leila fuhr bis zum Tode des Vaters mit dem Wohnwagen durch das Land. Margret erkennt das zierliche Mädchen mit den langen schwarzen Haaren sofort wieder, als es tanzt. Gesang und Tanz sind so leidenschaftlich wie virtuos, bald Volkslied, bald Schlager ähnlich, die Sprache, eine ungarische Umgangssprache mit deutschen Wörtern durchsetzt und schwer verständlich. Immer noch charakterisiert ihren Vortrag eine melodische Vielfalt, volksliedhafte Motive, Melodien. Margret erinnert sich an ein Tanzlied, das sie vortrug: „Zum Tanze, da geht ein Mädel mit goldenem Band, das schlingt sie dem Burschen gar fest um die Hand." Sie hört diese wellenförmige Melodie wieder, die so unterschiedliche Ausdrucksmöglichkeiten bietet. Auch an diesem Abend spannt sich der Bogen weit und lockt Zuhörer an. Leila trägt die Bewegtheit ihres Lebens im Tanz aus. Vielleicht schafft der Tanz eine Illusion der Beheimatung und Zugehörigkeit, das ungarische Kolorit lässt sich nicht verleugnen, wie die Zugehörigkeit zu einem Wandervolk. Tanz wird zum Medium, zeigt Wandel in der Wandlung, den ständigen Aufbruch. Geistige Inhalte werden körperlich verarbeitet. Alles bewegt sich an ihr. „Das ist Zigeunerart", sagt der Herr mit der Dame am Arm.

Leila ist vergnügt, fühlt sich leicht und unbeschwert. „Sesshaft werde ich nie", sagt sie. „Ich bin ein Zugvogel, der sich nicht einfangen lässt. In einem Käfig würde ich ersticken."

Die Aussage erinnert Margret an eine Assoziation des Ringes mit einem Käfig, die zu Platzangst führte.

Wer Macht anstrebt, muss der Liebe entsagen. Alberich weiß es.

Sie muss es zugeben, dass sie den Brief als einen Überfall empfindet. Wieder verleitet er sie zu einem lauten Gedanken: „Würde mir nicht die Decke auf den Kopf fallen?" Agnes, ihre Weggefährtin, handelt für sie, stellt Reinhard ein Ultimatum: Vorbehaltlose Zustimmung zu allen schöpferischen Aktivitäten oder Trennung. Margret betrachtet ihren Ringfinger. Er wird in einem Rund gefangen sein, wie der Vogel in seinem Käfig, denkt sie. Wenn sie sich auch nicht wie Leila als Zugvogel empfindet, Gefangenschaft erscheint ihr in jeder Form unerträglich. In diesem Augenblick empfindet sie die Ehegemeinschaft tatsächlich als Gefangenschaft.

Nach Studienreisen freute sie sich immer auf ihre Wohnung, auf die Rückkehr. Als Aussiedlerkind war sie froh, endlich zu Hause zu sein. Sie liebt diese alten Teile der Stadt, die mittelalterliche Mauer wie dieses Hügelland mit seinen Tälern und Felsen.

Sobald sie aber diesen düsteren Schatten durchwandert, fürchtet sie sich irgendwann als Fußnote zu irgendeinem seiner wissenschaftlichen Texte zu finden. Sie muss ungehindert gegen ihre Probleme anschreiben können, ihr individuelles Ich verteidigen, das ist nur mit dem nötigen individuellen Freiraum möglich. Keiner kann dem stillen Fluss der Zeit entgehen. Aber Flucht, das weiß sie jetzt, ist kein Ersatz für Entscheidungen. Schreiben ist eine Art zu atmen, und kein noch so starkes Gefühl kann das Atmen ersetzen. Margret kennt dieses Erstickungsgefühl. In einer Welt der Globalisierung, der digitalen Revolution, in einer Zeit des Finanzkapitalismus kämpft jeder Mensch erbittert mit Problemen aller Art. Der Kampf um das eigene Ich würde ihn total überfordern.

Als die Möwe mit heiserem Schrei das Schiff verabschiedet, taumelt Leila wie ein Schmetterling über den Strand. Sie wird nach bestandener Prüfung weiterziehen, vielleicht Zigeunerkinder im Tanzen und Singen, Lesen und Schreiben unterrichten.

Beim Einsteigen reden alle durcheinander, aber keiner hört zu. Drei Musikanten geben sich klassisch. Die klare, seidige Luft verursacht eine Leichtigkeit der Glieder, etwas Schwebendes, dass sie sich zu neuen Taten aufgelegt fühlt. Der Himmel steht hoch über ihnen. Sie segeln der westlichen Landspitze entgegen, zu der zerklüfteten Steilküste zurück, bis die Sonne im Meer versinkt. Wenn sie am Morgen wieder aus dem Atlantik steigt, den Horizont verfärbt, wird Margret von den Klippen aus die Weite des Meeres mit Blicken ausmessen, sie in sich aufnehmen, diese unendliche Weite, das Symbol der Freiheit speichern, mitnehmen.

Margret will kein neues Kapitel ihres Lebens aufschlagen, weil sie keine Selbstentfremdung zulassen kann. Aber sie muss Robert vor die Entscheidung stellen, ohne das Wort Liebe, das sich für sie nie mit Begehren, Leidenschaft verband, in einem Scherz verkommen zu lassen. In der letzten Nacht träumte sie, dass sie von ihm träumte, seine Hand spürte, die ihre Hand fest umschloss, aber sie träumte, dass dieser Traum zum Albtraum wurde, als sich ein Rollladen schloss und nur seine Hand in ihrer Hand zurückblieb.

Wird sie Robert in ihrem individuellen Sein ohne Abstriche lieben können? Diese Frage schwingt sich zwischen alle ihre Gedanken. Vermag er es, ihre Art zu atmen zu akzeptieren? Vergeblich sucht sie ein Gefühl, für das sie sich an der Stelle der Liebe entscheiden könnte. Liebe braucht sehr lange, um bei ihr anzukommen, aber sie kam an. Die Erregung steigt hinter ihren Augen mit dem Atmen auf, aber niemandem fällt sie auf. Es ist nicht leicht, sich aus feststehenden Emotionen herauszukehren. Waren sie wirklich je ein Paar? Zweifelnd schüttelt sie den Kopf, schüttelt ihn so lange, bis jeder Anwesende, der in ihr Blickfeld gerät, ihr Kopfschütteln wahrnimmt, bemerkt. Vielleicht wird Robert ihre zersplitterten Emotionen einsammeln. Vielleicht wird er Ruhebedürfnis proben und nicht reagieren. Noch nie verlor er die Kontrolle über sich. In seinem Mienenspiel kennt sie keine Sturmzeichen. Roberts betont beherrschter Auftritt überzeugt. Vielleicht aber wird nur ein Wort sie in die Einsamkeit, das heißt in seine innere Abwesenheit stoßen. Die Zeichen sprechen gegen sie. Der Gedanke strahlt eisige Kälte aus.

Eine Riesenwelle springt gerade krachend vom Schiffsrand zurück.

Eine schwarze Wolke schiebt sich vor die Sonne, scheint noch weit mehr Gewölk hinter sich her zu ziehen. Jemand lacht auffallend laut, als sie vorbeigeht, ohne dass sich einer der Anwesenden an seinem Lachen beteiligt. Margret sucht einen Platz mit guter Sicht auf den Atlantik. Der seine Verachtung aus den Augen schleudert, nimmt gerade, nur für die Frau neben ihm hörbar, zu etwas Stellung: „Lässt du dir deine Lektüre vorschreiben?" Sie geht vorbei, drängt nach hinten. Der Herr mit der jungen Frau am Arm setzt sich schweigend in Margrets Nähe. Sie dreht sich um, um das Paar aus ihrem Blickfeld zu schieben. Der Anblick dieser extremen Abhängigkeit erscheint ihr unerträglich. Vielleicht hätte er sich wieder gerne an der Zigeunerin abreagiert, unterstellt sie ihm. Ein neues Opfer findet sich offensichtlich nicht. Unwillkürlich vergleicht sie den Mann mit Robert. Das wehrlose Lächeln der Frau aber stimuliert ihre Abwehr. Margret hat ihre individuelle Mitte wiedergefunden, fühlt sich im Gleichgewicht. Das einzige Licht auf diesem nebulosen Weg ist ihre Hoffnung auf seine Vernunft, dass er ihre

Argumentation verstehen möge. Sie muss eine Ehegemeinschaft vermeiden, bei der jeder in sich selbst gehüllt neben dem Anderen her lebt, jede Kommunikation in Pseudokommunikation abstürzt.

Nie würde sie seinen Zielen, seiner Zielstrebigkeit etwas in den Weg legen, obwohl er nicht mehr werden könnte, weil er schon alles ist, was er werden würde. An Durchsetzungsvermögen ist keiner dem Anderen überlegen.

Margret seufzt, schickt ihre Blicke wieder über die unendliche Weite des Meeres und über den Himmel. Er wird entscheiden, denkt sie.

II. Die Botschaft der Rheintöchter

Martin geht am Rheinufer auf und ab. Auch er spürt die Veränderung bereits in den Gliedern.
   Wellig wirbelt das Wasser an ihm vorbei. Etwas scheint es aufzuwühlen, große Wellen in Gang zu setzen. Seit den Klimasprüngen, den Wetter-Extremitäten, wirkt der Strom erregt. Die Wellen bringen Veränderung. Irgendetwas muss im Anzug sein, sich auf ihn zubewegen. Außer ihm befindet sich weit und breit niemand an diesem Ufer. Wie milchiges Licht breitet sich der Nebel über dem Wasser aus. Seine Phantasie spielt ihm aber einen bösen Streich: Engel sieht er über dem Abgrund schweben, oder sind es Undinen, jene schönen Wassergeister, die zuweilen mit nacktem Oberkörper auftauchen? Sie fallen durch ihre leidenschaftlichen Tänze auf. Ihre kreisenden, schwingenden Bewegungen schaffen Dynamik. Bläulich schimmernd, mit Algen geschmückt, vernebeln sie seinen Geist. Er greift sich an den Kopf, seufzt: „Unsinn. Nebelschwaden wirbeln sich aus", sagt er leise vor sich hin. „Wie käme ein Lebewesen in diesen reißenden Strom? In dieses gewaltige Gewässer, das Hochgebirge, die Mittelgebirgsschwelle und das Tiefland verbindet?" Seine Gedanken arbeiten fieberhaft. Aber der helle Gesang dieser graziösen Wesen inmitten schaukelnder Wellen versetzt ihn in ein Märchen, ihn, der sonst hart arbeitet, zu logischem, nüchternen Denken gezwungen ist. Unwillkürlich bewegt er sich, schaukelt von Seite zu Seite, bis ihn schwindelt. Dann fasst er mitten hinein, er greift, was er nur erahnt, in die tanzenden Nebelschwaden, spürt es, wie von zwei schönen grünen Augen sein Blick aufgesaugt wird, fasst zu, glaubt sie in seinen Armen zu halten. Er denkt an die lautstarke Auseinandersetzung mit seiner Frau und will wenigstens in der Phantasie die entstandene Leere mit Liebe füllen. Seine Hände zittern erregt. Der Frauenkörper entgleitet seinen Fingern.

Bild und Musik wird er verbinden. Sein „Rheingold" auf der Leinwand entstehen lassen und seiner Phantasie freien Lauf geben. Die Erinnerung verhilft ihm dazu, Gundi mit Wellgunde zu identifizieren. Das fällt ihm nicht schwer. Entziehen sich nicht dort die Wassergeister spielerisch, spottend? Seit ein glänzendes Metallstück im Gebüsch hing, vermutet er dort, am Felsen, der sich in der Tiefe des Stromes fortzusetzen scheint, Teile eines versunkenen Schiffes, wie es vor Monaten die Presse berichtete. Einen Schatz im Strom erwartet er natürlich nicht, aber Goldmünzen unter der versunkenen Ladung. Gier besetzt sein Denken. Der Film könnte ihm Geld für seinen Hausbau einbringen, vielleicht eine wertvolle versunkene Ladung. Aber die Kraft des Stromes, das Gefälle hält er, sobald er an Stelle der Phantasie den Verstand einsetzt, für ein Hindernis. Martin, ein typischer Vertreter seiner Gesellschaft, deren Kraft das Gewinnstreben des Einzelnen ist, kann weder Gier noch Abenteuerlust besiegen. Als er am nächsten Tag noch einmal Goldspuren entdeckt, wird seine Vermutung zur Gewissheit. Wird es eine Möglichkeit an dieser Stelle, an der die Strömung die des Meeres nicht übersteigt, geben, von unten zu filmen?

Wieder umtanzen ihn die Schönen in der Phantasie. Er versucht sie zu erhaschen, zu berühren, aber sie entziehen sich spottend. Ein höllisches Gelächter antwortet seinen Versuchen, Gehör zu finden. Sie drängen sich um ihn. Martin greift nach einem Phantom. Sagt nicht eine Stimme: „Wer dem Golde huldigt, hat der Liebe entsagt?" Die Rheintöchter sieht er das Riff umschwimmen, hört ihren Gesang auf hohem Ton: g und a, das weiß er genau: „Rheingold, Rheingold, leuchtende Lust" und „glühender Glanz, entgleisend dir weihlich im Wag". Kann ihm die Goldmünzen eines versunkenen Schiffes als Reste der Ladung nur ein phantastischer Traum vermitteln? Das hindert ihn nicht daran, Wellgunde, Woglinde und Flußhilde singen zu hören: „Wal-la-la-la-la-lei-a-ja-hei" Zwei Geigen untermalen den Gesang. Dass ihn Gundel für verrückt hält, weiß er längst.

Zuhause versucht er seiner Frau von seinem Erlebnis zu berichten, aber seine Entdeckung und sein Entschluss, das Schiffswrack zu filmen, die noch vorhandenen Reste der gesunkenen Ladung zu untersuchen, wecken das Interesse seiner Frau in keiner Weise. Gundel hält ihn wirklich für verrückt, zweifelt am Interesse der Menschen an seinem Film und dem gesunkenen Schiff. Die Familie soll er nicht gefährden mit seinem "Wahn", rät sie ihm.

Burgen und Weinberge, die er auf seinen Spaziergängen immer so gerne betrachtete, interessieren ihn nicht mehr. Nur die Schiffsladung, die Münzen, Gold vielleicht, stimulieren seine Gier, wecken sein Interesse.

Da er für seinen Film auch die Musik benötigt, kennt er die Partitur bereits gut. "Rheingold – da raubt sich rächend, der Dieb", zitiert er. Musik und Bild will er gleichwertig einsetzen. Auf Grundels Frage: "Geht es nur um unser Haus, wofür du das Gold einsetzen willst?", antwortet er mit Hafner und Loge: "Gibt Gold ihm Macht" und "doch ward es zum runden Reife geschmiedet, hilft es zu höchster Macht". Ob er "den" auch noch anstrebe, will Gundel wissen. Sie meint den Ring, der die Macht verleiht, aber Martin spöttelt. "Margret glaubt doch, dass Robert mit dem Ring sich Macht über sie verschaffen könnte." Das laute Lachen und Spötteln scheint das Paar endlich zu vereinen. Martin überlegt, wie er die Rheintöchter durch Lichtreflexe tanzen lassen könnte. Die Frau zweifelt an der Methode, zu Geld zu kommen. Martin beharrt auf der Vorstellung, dass Geld Macht bedeutet, ohne sich um die Interpretation des Symbols zu bemühen. Gundi warnt: "Margret hält das ‚reine Gold' für Energie, Lebensenergie, die nur erreicht, wer keine Macht anstrebt." "Unsinn", knurrt er "Der Liebe muss er entsagen." Gundi lacht wieder. "Bist du der überhaupt fähig?"

Martin arbeitet als Sekretär bei einer Versicherung, lebt, wohnt mit der Familie bescheiden und genießt den freien Abend beim Spazierengehen. Früher gingen sie am Samstag immer zum Tanzen.

Dieser vermutete „Schatz im Strom" hat sein Leben verändert. Die Frau hält ihn von bösen Geistern besessen, lehnt es ab, ihn auf seinen „teuflischen Ausflügen" zu begleiten. „Kapitalanhäufung wäre zur Staatsräson" geworden, höhnt sie. „Bist du ein Großmanager? Die finden wie du Befriedigung darin, Millionen zu sammeln." Martin lacht, obwohl auch er es zu wissen glaubt, dass den „Schatz im Wasser ein Fluch" belastet und dass auch Gundis Geldgier sprichwörtlich ist.

Manchmal glaubt er das Gold so zauberhaft aus der Tiefe leuchten zu sehen, dass er zu tauchen beschließt, wenn er sich die Technik erworben hat. Martin versucht die Stelle zu meiden, aber der Ort zieht ihn gegen seinen Willen magisch an.

„Rheingold", sagt er leise und hört trotz seiner Gegenwehr eine Akkordfolge. Nervös folgt er einer chromatischen, polyphonen Spannungslinie. Die Gier nach dem Gold vernebelt seine Sinne. Hätte der befragte Tauchlehrer nicht dringend abgeraten, im Schnellverfahren tauchen zu lernen, hätte er sich sicher in seinem Wahn in den Tod gestürzt.

Zuhause isoliert er sich, unterbricht die Beziehung zu Bekannten, Freunden, findet keinen Anfang zu freundschaftlichen Gesprächen, endet in Leerformen. Nur Worthülsen fallen von seinen Lippen. Eine Entscheidung reift in seinem Denken: nicht den „Schatz" im versunkenen Schiff zu heben, sondern zu filmen. Selbst der eigenen Familie geht er aus dem Weg, als trüge er eine Tarnkappe. Ein Schandfleck in seinem Bewusstsein ist es, der sein Gesicht unter der traurig-nervösen Miene verkümmern lässt.

An einem trüben Samstagabend schläft Martin am Rheinufer ein. Im Traum schüttet ihn ein Dämon mit den für das Gold eingetauschten Geldscheinen zu, dass er zu ersticken droht. Er schreit auf, aber niemand kann ihn hören.

Beim Erwachen leuchtet das Gold im Rhein gespenstisch auf, er hat die Kirchenglocke, die sonst zur Heimkehr mahnt, überhört. Er verliert fast die Besinnung, aber es ist zu dunkel, um den Heimweg anzutreten.

Ein Dämon scheint ihn aufzuheizen, sobald er an die Möglichkeit denkt, wie er unter Wasser filmen könnte. Er zittert vor Angst, als würde jeder seiner Gedanken aus dunklem Grund rinnen. Als die Frau von der verschwundenen Kirchenglocke berichtete, erfragt er sofort die Zeit, in der es geschah. Es war die Stunde, in der er die Schläge überhörte, die ihn zur Heimkehr mahnen sollten, in der stattdessen das Gold aus der Tiefe gefährlich aufleuchtete. Martin ärgert sich über die Aussichtslosigkeit seiner Situation, und diese Wut bringt sein Blut fast zum Kochen. Die Zusammenhänge zwischen der gestohlenen Glocke und dem Aufleuchten lassen Schlüsse zu, die später die Hüter der Ordnung nützen. Trotz der Nachforschungen bleibt der Turm eine Zeit lang ohne Glocke. Martin sieht täglich zu dieser Zeit das Gold in Gedanken aufleuchten, ob er gerade im Haus, im Garten arbeitet oder angelt. Die außersinnliche Wahrnehmung ist es, die das Zittern seines Körpers verursacht. Niemand weiß, ob es ein affektives Feld in seinem Innern begünstigt oder ob die Erscheinung ein affektives Feld entstehen lässt. Sein Bewusstseinsniveau scheint in diesem Moment herabgesetzt zu sein. Er bittet die Frau eindringlich zu schweigen.

Als er eines Tages unter tiefblauem Himmel zu seinem Platz geht, eine Lerche verheißungsvoll hoch über dem sorglos in der Sonne wellenden, plätschernden Strom trillert, holt eine neue Kirchenglocke gerade zum Schlag aus, als wäre nichts geschehen. Erregt vor Unentschlossenheit, legt er sich ins Gras. Die Vogelstimme über ihm streicht alle unliebsamen Geräusche. Wie er seine Gedanken über den verborgenen Schatz im Film auch wendet und biegt, es gelingt ihm nicht, Abstand zu gewinnen, denn alle seine Berechnungen und Pläne misslingen, erweisen sich als Fehlschläge. „Ein Spuk!", sagt seine Frau. Das Kind hat er längst infiziert. Er hat die Gewalt der Blicke unterschätzt. Blicke gehören zu den gefährlichen Giften. Den zehnjährigen Enkel Heini hat sein Blick getroffen, und er folgt ihm heimlich, bringt ihn mit der gestohlenen Glocke in Verbindung. Hat Heini in der Schule geplaudert? Das undichte Netzwerk führt jedenfalls zu einem Märchen und schließlich zu Fragen der Gesetzeshüter. Der heimliche Verkauf der Kirchenglocke hätte zur Finanzierung einer Tauch-Expedition benützt werden können. Einige sprachen sogar von einem „Zauber", der den Diebstahl der Glocke auslöste oder begünstigte. Es dauert nur fünf Wochen, bis eine Taucher-Gruppe an Martins Platz in der Tiefe des Wassers verschwindet und erfolglos frustriert wieder auftaucht. Das Ereignis gerät in Vergessenheit, die Idee wird einem Auswuchs eines Psychopathen-Gehirns zugeordnet, obwohl er sich mit der Absicht, einen Film zu drehen, verteidigt. Ein Arzt rät dringend zu einem neuen Platz. Die Flucht bleibt aber erfolglos. Jugendlich lyrische Sopranstimmen verfolgen ihn. Wellgunde beansprucht seine Phantasien, er identifiziert sie mit seiner Ehefrau, Woglinde aber lockt und umspielt ihn zwischen den Wellen. „Mit uns will er spielen? – Lass ihn uns kennen!" Woglinde sitzt auf der Spitze des Riffs. Wellgunde begnügt sich mit nur einem Ton, dem verlängerten a: „Kauz" „Typisch Gundi!", kommentiert Martin.

Über ihm treibt der Wind eine Wolke atemlos über seinen Kopf hin und her, bis sie sich leichtfertig vor die Sonne stellt. Er wirft im Traum die Kleider ab und springt in den Strom, schwimmt gegen die Wellen an. Mit kräftigen Ruderstößen entlädt er seine affektive Spannung. Seine Nymphe taucht und wirbelt sich neben ihm aus. „Nur wer der Liebe entsagt, kann das Gold heben", schreit ihm die Stimme ins Ohr. Er muss sich für Frau und Familie entscheiden, will aber nicht auf die Goldmünzen verzichten. „Die Gier", sagt die Oma, „darf nicht siegen!" Woglindes helle Sopranstimme bewegt sich in seinem Ohr auf der orchestralen Flut und vernebelt ihm fast die Sinne. Spielend lockend und singend taumelt sie um ihn herum. Er sieht sie deutlich vor sich, versucht sie zu ergreifen. „Gundel?", schreit er plötzlich. Er hat sie erkannt, seine Frau, Gundi in Wellgunde erkannt. Das sind ihre Brüste, ist ihr nackter Oberkörper. Er hält sie in den Händen, so glaubt er. Eine Akkordfolge im Ohr, folgt er dieser bekannten polyphonen, chromatischen Spannungslinie. „Gundi", sagt er wieder, mitten in die tanzenden Nymphen hinein.

Am Rückweg bietet sich die breite Straße durch den Marktplatz an. Kostbarkeiten aus dem Rhein werden angeboten: Metalle, Steine, tanzende Nymphen aus Holz und Stein gehören dazu. Am Marktende ruft ein Händler Cremes aus, die aus der Haut einer menschlichen Leiche hergestellt wurden. Auf eisgekühlte Organe und Blutspenden verweist ein Plakat in diesem Zusammenhang, unter der Überschrift: „So verwertbar, so teuer ist der Mensch." Die große Preisliste zeigt die Möglichkeiten der Verwertbarkeit. Zuhause fragt der Enkel nach seinem Bericht: „Opi, ist jeder Mensch so billig oder bloß die Alten?" Die Eltern ringen um eine Antwort, aber Heini interessiert der spezielle Fall: „Wenn Oma stirbt, verkauft ihr dann auch ihre Haut und ihre Haare?" Die Großeltern spüren, dass sie sich an einer Schwelle befinden, die ins Chaos führt. Der materielle Wert eines Menschen wird berechnet und selbst nach dessen Tode genützt. Der Mensch ist verkäuflich. Tagelang mündet jede floskelhafte Unterhaltung in diesem Thema. Die gefürchtete Szene bleibt aus. Die Frau hat begriffen. Später erläutern Beide der Oma den Sinn der Organ- und Blutspenden als soziale Tat, weil so Leben gerettet werden können.

Eine Frau in ihrer Nähe schwätzt mit Händen und allen Gesichtsmuskeln. „Was halten Sie von dem Geschäft mit Leichen?", will sie wissen. „Was man doch mit Toten für Geschäfte machen kann! Bei guter Verwertbarkeit", fügt sie hinzu. Wie Gift träufeln diese Worte in Gundis Ohr, aber sie denkt nicht an die Leiche, sondern an Edelmetall im Rhein. Gundels Gier verursacht der geplante Bau des Hauses, Martin denkt an Alberich, der mit Gold den Frauen imponieren will.

Eine Woche lang überbieten sich die Angebote. Die Stimmen der Konsumenten überlagern, türmen sich. Am Marktende werden Lose angeboten. Martin verzieht ironisch den Mund, zuckt mit der

Schulter. Bei Glücksspielen sucht ihn grundsätzlich das Pech. Nur eine Wendung drängt sich auf seine Lippen, bleibt auf seiner Zunge liegen. „Rheingold, Rheingold, leuchtende Lust." In seinem Film sieht er eine Geldquelle.

Martin will sich eine ABC-Ausrüstung zulegen, denn er kann nur mit Flossen umgehen, hat den Umgang gelegentlich im See oder in der Badeanstalt geübt. Sein Tauchlehrer berät ihn. Mit Schnorchel, Maske und Flossen soll er sich ausrüsten und sich an einer zeitweise unbefahrenen Stelle, die sie vereinbaren, einstellen. Der normalerweise von Schiffen befahrene Strom eignet sich auch der Strömung wegen wenig zum Tauchen, aber ein gekentertes Boot muss geborgen werden, und Martin will die Gelegenheit für die Kamera nützen. Der Schnorchel soll ihm eine problemlose Atmung ermöglichen. Er möchte gerne unter Wasser filmen. Dazwischen immer wieder auftauchen, rät der Lehrer. Damit er genau sehen kann, braucht er eine Tauchermaske mit einer Taucherbrille. Der Berufstaucher, Sporttaucher hilft ihm bei der Anschaffung. Die bereits erprobten Flossen erweisen sich als ungeeignet. Martin muss sie durch neue mittlerer Härte ersetzen, „mit seitlichen Führungsleisten", sagt der Berater, damit sie die starke Strömung gut aushalten. In der Badeanstalt probeweise den Kopf am Beckenrand ins Wasser zu stecken, ist zwar hilfreich, aber gewöhnungsbedürftig. Die Strömung erschwert die Versuche. Probleme ergeben sich auch, weil die Randlamellen nicht exakt abschließen. Lange Zeit wehren sich Martins Ohren. Das Knacken wird unerträglich. Gelegentlich führen Druckunterschiede auch zu Ohrenschmerzen. Wochenlang dauert es, bis er das Gleichgewicht der Druckverhältnisse am Trommelfell zu halten imstande ist, sich mit Schlucken oder Gähnen helfen kann. Das Wrack ist inzwischen längst gehoben, aber Martin sucht die Unglücksstelle ab, filmt mit Hilfe des Tauchlehrers. Von Tauchstunde zu Tauchstunde lernt er etwas dazu, fühlt sich unter Wasser wohler. Besonders die Kombination von Maske und Schnorchel erweist sich als problemgeladen, weil es gelingen muss, unter keinen Umständen Wasser in die Luftröhre eindringen zu lassen.

Nur das Abtauchen empfindet er als schwierig und gefährlich. Auftauchen gelingt automatisch.

„Die Auftauchstelle nach Hindernissen überprüfen!" Immer wieder warnt der Helfer vor Gefahren. Auch die Kameraführung gelingt lange nur mit seiner Hilfe, obwohl sich Martin an die Tiefe gewöhnt hat, die fahlblaue Farbe des Wassers entdeckt, alles größer und näher wahrnimmt. Er gewöhnt sich sogar an veränderte Geräuschquellen unter Wasser. Das Wellen, Sprudeln, Fließen nimmt er als näher wahr. Das Filmen bei reduzierter Zeit erweist sich unter Wasser als höchst schwierig, weil die Verständigung mit dem Tauchlehrer nur mithilfe von Handzeichen funktioniert. Martin hat sie sich eingeprägt, als lebensnotwendig empfunden. Die Kamera ist wasserdicht, aber die Zeit unter Wasser wäre ohne Sauerstoff zu kurz. Unterwasserblitz und Lampe übernimmt gelegentlich der Sporttaucher. Zu schnell Auftauchen mindert den Erfolg. Die Aufnahmen und die, wenn auch wertlosen, Funde entschädigen den Taucher. Er gewinnt Einblick in eine unbekannte Welt, die seine Bilderwelt voraussetzt. Martin stößt auf eine Ladung eines gesunkenen Schlauchbootes. Ein Händler muss Schmuckwaren mit Booten befördert haben. Billigschmuck, wie Broschen und Ringe, Ketten, Armbänder. Waren, die hängen blieben, wurden durch die Strömung verändert, weitgehend mit dem Strom vertrieben. Nur wenig verfing sich im Gesträuch und am Ufer in Ästen. Ob er den Ring ergreift oder ob er sich an seinen Finger drängt, kann nachträglich nicht so genau gesagt werden. Er steckt Ring und Brosche in seine Tasche im Brustbeutel und bringt sie mit an Land. Die Brosche schenkt er zu Hause der Frau, die sich über den Aufwand, die teure Tauchaktion ärgert. Seit er den Ring am Finger trägt, wird er das Gefühl nicht los, getarnt zu sein. Dreht er ihn, blitzt in seiner Phantasie das Gold im Rhein auf wie in jenem Augenblick, in dem der Schlag der Kirchenglocke nicht mehr hörbar war. Immer wieder erlebt er dieses zauberhafte Aufleuchten aus der Tiefe. „Meine Tarnkappe" nennt er den Ring heimlich. Auf die Tarnung fixiert, spielt er Gundi vor, unsichtbar zu sein, ordnet dem Ring Zauberkraft zu. Der Fund beherrscht seine Phantasie so, dass ihn die Frau als psychisch krank wahrnimmt. Gelegentlich folgt sein Gedanke einem Dieb in einem Warenhaus. Er kann mitnehmen, was sich gerade anbietet, unbemerkt das Warenhaus verlassen. Freilich würde seine Frau nicht mitspielen, aber der Gedanke, unsichtbar zu sein, fasziniert ihn.

Sein Test in einem Gasthof schlägt fehl. Der Kellner übersieht ihn zwar tatsächlich, aber an der Wahrnehmung liegt es nicht. Der Kellner hält jeden für verrückt, der einen Schatz im Wasser vermutet und sucht. Martins Versuche haben sich bereits herumgesprochen.

In dieser Zeit führt ihn ein unverhofftes Erbe in eine gefährliche Versuchung. Entscheiden soll er, was er nicht entscheiden kann. Ein Onkel, der im Ausland lebte, starb kinderlos und beerbte seinen Neffen. Das Bargeld-Erbe reicht nur für ein halbes Haus, aber es ist die Möglichkeit gegeben, die zweite Hälfte mittels einer Entscheidung dazuzugewinnen. Diesmal ist er persönlich mit der Verwertung einer Leiche konfrontiert, und er schwingt die ganze Skala der Verzweiflung aus über das, was man ihm abverlangt. Der Mensch gibt seine Leiche nach dem Tode zur Verwertung frei. Es liegt an dem Erben, von dieser Erlaubnis Gebrauch zu machen. Er sieht den Schandflecken in seinem Bewusstsein wachsen, aber auch die Gier der Frau, die der Schatz im Rhein schon stimulierte, wächst. Die Frau sucht inzwischen eine Steueroase, um das Erbe des Gatten zu vermehren. „Er hat sich doch selbst freigegeben", begründet sie seine Zustimmung zur Realisierung des Vorschlags. Als Erbe soll er entscheiden, ob der Vorschlag des Toten realisiert werden soll. Der Betroffene glaubte so in anderen Menschen weiterzuleben. Martin nimmt das seltene Erbe schließlich an. Über die betäubenden Träume, die ihn belasten, weil Vorstellungskraft reale Bilder entstehen lässt, schweigt er.

Rastlosigkeit quillt aus seinen Blicken, wenn die Frau das Gespräch in die Richtung lenkt. Verantworten soll er, was er nicht verantworten kann. Nervös dreht er seinen Ring hin und her, um sich mit dem Aufleuchten des „Rheingoldes" in seiner Vorstellung abzulenken, aber der spielt nicht mehr mit. Das flaue Gefühl der Vergeblichkeit deutet auf die neue Möglichkeit, zu Geld zu kommen. Die Gier erweist sich vor allem bei der Frau als stärker. Längst fand sie eine Möglichkeit, das Geld gewinnbringend anzulegen, bis der Hausbau beginnen kann.

Martin erleidet in der Zeit des Wartens, die Verwertung, als wäre es seine Haut, als würde man seine Organe verpflanzen. Die Frau lacht über seine „krankhafte Phantasie". „Was legst du von dem, was übrigbleibt, ins Grab?", fragt sein Neffe. Als ehrfurchtslos empfinden es Bekannte, aber er argumentiert mit der Verwertung der Tiere als Geschöpfe Gottes. „Was denkst du dir, wenn du Entenbraten oder Schweineschnitzel isst?", will er wissen. „Sind sie nicht Geschöpfe Gottes?" Den Zusatz im Testament: „… für einen guten Zweck" übergehen sie. „Warum soll der Bau eines Hauses nicht ein guter Zweck sein?", fragt die Frau. Die Verwertung der Leiche bringt tatsächlich die fehlende Summe ein.

Martins Verhalten findet Nachahmer. Viele junge Menschen bedrängen Onkel und Tanten und sogar die Eltern, dem Beispiel zu folgen. „Erwartest du dieses Erbe auch von mir?", fragt die Oma, als Martin über die Finanzierung des Hauses berichtet.

Als er an einem überbelichteten Sonntag wieder spazieren geht, glaubt er die Nixen wieder tanzen zu sehen. Er glaubt, Gundel als eine seiner Nixen zu erkennen, fällt fast ins Wasser, so intensiv geht er in seiner Phantasiewelt auf. „Gundi", stammelt er. „Gundi, Linde." Wieder begleitet das gleiche Motiv ihr Erscheinen. Es bereitet sie vor, interpretiert sie. Das Motiv folgt der dramatischen Entwicklung, passt sich an, verändert den Rhythmus, aber es bleibt der Gestalt treu. Das symphonische Gewebe trägt die klagenden Stimmen der Rheintöchter, denn sie vermuten, dass der Schatz geraubt wurde. „Gundi", haucht er, „Wir bauen es, das Haus", aber die Nixe ist auf den Goldschatz fixiert.

Ein Vogelschrei reißt Martin aus seinen Träumen. Zuhause betrachtet er seine Frau sehr auffällig, vergleicht sie mit der Erscheinung der Nixe in seiner Phantasie.

Hätte er nicht gefürchtet, für verrückt gehalten zu werden, wäre die Frage, die ihm auf der Zunge brennt, unausweichlich gewesen. Dafür stellt ihm Gundi eine Frage: „Hast du mich wieder um das ‚Rheingold' tanzen gesehen?" Seine Antwort springt auf ihre Funktion über: „Du wirst unser Geld sicher gut verwalten." Der Satz fordert die Oma heraus, die gerade den Raum betritt. „Ihr tanzt doch wie alle um das ‚Goldene Kalb', ob das aus dem Rhein kommt oder woanders her." Sie kann es sich erlauben, die Wahrheit zu verbalisieren, die keiner auszudrücken vermag, wenn sie auch immer etwas länger braucht, bis sie einen heißgelaufenen Gedanken kühlen kann. Die alte Dame reibt sich auch an dem Begriff „gutes Werk" im Testament, und will darunter nicht den Hausbau sehen. Die Oma bedauert, dass die „Kinder" den Bau nicht mit „Rheingold", sondern mittels einer verwerteten Leiche finanziert haben. „Der Mensch ist für euch käuflich und verkäuflich. Er hat nur einen materiellen Wert", klagt sie. Martin bleibt bei einem „Hmmmm", Gundi schweigt. Auch sie gewinnt den Eindruck, dass das Erbe Geld, aber nicht Glück bringt.

Der Hausbau beginnt noch im gleichen Monat und das Haus soll bis zum Wintereinbruch fertiggestellt, beziehbar sein.

Das Grundstück in Flussnähe kauft er günstig, da der Besitzer berufsbedingt umziehen muss. Jede Freizeit gehört dem Bau, und bald liegt das Haus im sonnigen Schlaf oberhalb des Stromes wie ein verwunschenes Schlösschen. Dass er um Mitternacht die Rheintöchter tanzen zu sehen glaubt, führt er auf die Überarbeitung zurück. Seine ernste Sorge aber gilt Sturmfluten, Überschwemmungen, weil er dem Damm wenig vertraut. „Ihr baut auf gefährlichem Fundament, denn eine menschliche Leiche hat das Grundstück finanziert", sagt die Oma wieder sehr eindringlich. Die Beschwichtigung der Tochter beruhigt wenig. Ein Albtraum raubt Gundel die Überzeugungskraft. Empfinden hält länger vor als Erinnern.

Markttag: Die Stände mit den Verkäufern sieht sie deutlich vor sich. Sie bieten Organe, eingefroren, und Haut zur Verarbeitung, an anderen Ständen fertig zu Cremes verarbeitete an. Dort, sie schrickt auf, Haut und Organe der Oma. Die Mutter, ein Ersatzteillager? „Nein, nein!", schreit sie. „Nein Mutter, nicht du!", schreit sie entsetzt. Martin rüttelt sie an den Schultern. „Was ist, Gundel?" Er begreift, obwohl nur ein Stammeln hörbar ist. Die Mutter, unbesungen, statt in der Gruft am Markt im Schlussverkauf. Das geht zu weit. Auch er spürt es, dass die Grenze des noch Möglichen überschritten wird. Den Albtraum mag der Nachbar angeregt haben. Die Frau des Verstorbenen erzählte es ihr, dass der Enkel den Großvater bedrängte, seine Leiche freizugeben, und stimmte zu. „Was nach dem Tode mit meinem Körper geschieht, ist unwesentlich", sagte er. Sechs Monate später aber starb der noch rüstige alte Mann plötzlich an Herzversagen, und der Enkel baute mit diesem Erbe des Großvaters ein Haus am Stadtrand. „Zufall", sagt Martin. Gundel aber regt das Ungreifbare wieder zu einem Albtraum an.

Ihre Gier ist zwar sprichwörtlich, und sie nimmt, was sie an sich reißen kann, aber es bleibt etwas Schreckerregendes, vor dem sie zurücktritt. Der Traum hat sich eben der Mutter bedient.

Ist es der Teufel persönlich, der kaum vier Wochen später Martin in Versuchung führt? Das Angebot ausspricht? Wenn Martin seine Leiche noch zu Lebzeiten freigibt, erhält er einen erstrebenswerten Kredit. Die Versuchung ist groß, weil er mit diesen Mitteln sein neues Haus an- und ausbauen könnte. Gundel, die Marktangebote noch in den Nerv geritzt, lehnt für ihre Person ab. Die Last der Erinnerung wiegt noch zu schwer. Der Schrecken liegt noch in der Luft.

Martin hält zwar einen Augenblick lang sprachlos die Luft an, als der kleine Enkel fragt, ob der Großvater dann ausgestopft werde, aber er stimmt zu. Auch Martin sucht die Welt nicht, die Gundel im Traum betritt, aber die Welt sucht ihn. Es ist kein Vogelgefühl, in Unerprobtes, ungewisse Welten einzutauchen, aber er möchte in seinem neuen Haus eine Dachwohnung ausbauen und eine Terrasse schaffen. Was geht es mich an, was mit mir nach meinem Tode geschieht, denkt er. Aber nicht einmal der Enkel löst mit der Idee des Ausstopfens ein befreiendes Lachen aus.

Die Oma zieht es dagegen vor, unter launischem Himmel mit der steigenden Sonne zu leben und ihren Körper mit Haut und Haaren und vollzähligen Organen dem Grab zu überlassen. Warten wird sie, wie ihr die Tage zufallen, ob in der Familie oder auf dem Abstellgleis.

Martins Kreditbeschaffung wirft noch lange Schatten. Erst wenn der Himmel das letzte Licht zurückzieht, verlässt er seine Baustelle. Sogar am Wochenende arbeitet er mit einem Helfer zusammen und kommt recht gut voran. Dass ihm die Vorstellung seines kleinen Sohnes „ausgestopft wie Fips" seine Phantasie bereichert, verleitet seine Frau zu vielsagenden Blicken auf den kleinen ausgestopften Hund im Kinderzimmer. Dann versucht er sich selbst auszulachen, aber der Wasserspiegel wirft ihm sein Bild verzerrt zurück.

Anna, seine Tochter, fürchtet den Fluch der Götter, wie sie sagt, weil der Wetterdienst im Rahmen der Klimaänderung Stürme und Überflutungen meldet. Angst nistet in ihrem Denken.

Als eines Tages der Rhein an Stimme gewinnt, hört sie die Rheintöchter weder singen, noch kann sie die Neckereien und rhythmischen Spielereien sehen. Sie glaubt vielmehr einen bösen Geist fluchen zu hören. Auch Martin vermutet eine Überforderung des Damms und sieht ratlos den Strom steigen. Die Gefahr der Überflutung wächst.

Während sie früher den Regen-Rhythmus auf das Fenster klopfen hörten, fällt Martin die Zeit aus den Händen. Der Gefahrenpegel steigt. Der Einsatz ist in diesem Glücksspiel zu groß, das Ergebnis besorgniserregend. Der Traum belastet das Gewissen. Folgt das

Gespräch dem Kredit, belädt sich Grundels Stimme nicht selten mit Wörtern wie labil, selbstzerstörerisch.

Als Martin an einem Sonntagabend wieder einmal spazieren geht, zieht er eine Art Flaschenpost ein. Es ist eine Botschaft, die ihn betroffen macht. „Der Platz ist für dich bereitet." Wo und wer ihn bereitete, sagt der Bote nicht aus. Haben die Rheintöchter ihre Unschuld verloren und locken ihn ins Wasser? Martin findet kein Wort für seine Wirklichkeit. Nein, schmerzsüchtig ist Martin nicht, aber die Botschaft gleicht einem Verbalangriff. Worte nehmen in diesem Zusammenhang Kurs auf den Vertrag.

Was Martin aber nicht ahnt, ist die Rolle seiner Ehefrau, die bereits vor dem Vertragsabschluss aktiv wurde. Zufällig traf sie einen ehemaligen Mitschüler, der seine zwielichtigen Geschäfte zwischen Inland und Ausland tätigte. So konnte sie den Preis beeinflussen und auf Martin aufmerksam machen, noch ehe er selbst auf diesen Mann stieß. „Gutes Geld, leicht verdient", nannte es der Händler. Gundis Anteil an dieser Kreditbeschaffung bleibt Martin verborgen. Freunde und Bekannte werden nicht eingeweiht. Der Betroffene hält es für sein Geheimnis. Das betrifft auch Margret, die entfernt Verwandte. Was beide Frauen verbindet, ist das Entsagen der Liebe. Gundi entsagt des Geldes wegen, Margret fürchtet, ihre Individualität in der Ehe nicht entfalten zu können, abhängig zu sein. „Wie die Walküre siehst du zwar nicht aus, aber du verbannst dich selbst in einen Felsen", stellt Martin fest.

Die Art der Kreditbeschaffung hinterlässt schmerzliche Spuren. Die Umwelt reagiert mit mitleidigem Blick, als habe es sich herumgesprochen. Gundi schweigt.

Ihre Nervosität steigert sich aber mit dem Steigen des Wasserspiegels. Sie fürchtet, dass dämonische Mächte im Spiele sein könnten.

Gundi und Tochter Anne will mit dem Ehemann eine der zwei Wohnungen beziehen. Sparsamkeit aber kennt der Schwiegersohn nicht. Gundi berechnet die Finanzierung der Heizung. An der Gemütlichkeit soll nicht gespart werden.

Martin beschäftigt die Flaschenpost. Den Platz sucht er zu erkunden. Kredit und Botschaft verbinden sich schreckerregend. Die beiden Männer verstehen einander nicht. Die unterschiedliche Ein- und Vorstellung verstellt ihnen den Blick für die Probleme der Anderen. Gundi versteht nicht einmal das Problem des Gatten. Sie kann in ihrem Denken die Grenzen der äußeren Wirklichkeit nicht überschreiten.

Der Glaube an den Schöpfer der die Einstellungen zum toten Körper nicht akzeptieren könnte, beunruhigt das Ehepaar wenig.

Martin hat den Ring-Kauf miterlebt, da an diesem Tag seine Armbanduhr nicht mehr ohne Batterieerneuerung auskam. Die beiden Männer trafen zufällig im Schmuckgeschäft zusammen. Martin versteht den Überraschungseffekt nicht, aber er hält Margrets mangelnde „Feinsinnigkeit" auf diesem Gebiet für die Ursache. „Das wirst du ihm verzeihen müssen, dem wertvollen Ring nach, bist du ihm sehr viel wert." Er lacht ihr den Satz mitten ins Gesicht. Margrets Blick wirft die Frage ironisch in den Raum, bevor sie sagt: „Das Material? Bestes Gold", worauf Gundi: „Es muss ja nicht immer Rheingold sein". feststellt. Ihr Zeigefinger kreist über Martins Hand, die den aus dem Strom gefischten Ring trägt. Margret zuckt mit der Schulter. Der Gedanke an den Ring beeinträchtigt immer noch ihre Atmung. Gundi zeigt so wenig Verständnis wie Martin. Der Ring glitzert vor ihren Augen, löst in ihrer Phantasie einen bösen Zauber aus.

„Zum Reif zu zwingen, das Gold", summt Martin.

„Bestes Gold", erinnert Gundel. Ihr strafender Blick bedeutet: undankbar! Er meint Margret. Die Betroffene aber schüttelt den Kopf. „Nein, reines Gold" „Na und?" Gundi will nicht verstehen. Martin zweifelt die Treue des Mannes an, der zu lange auf die Entscheidung einer Frau warten muss. „Alberich wendet sich Woglinde zu, nachdem Wellgunde nur mit ihm spielt." Margrets Lächeln wirkt zwar unsicher, aber sie sagt bestimmt: „Rein ist trotzdem nicht gleich gut, rein meint gesäubert, frei von Triebhaftigkeit", dann verunsichert: „Ich meine vor der Ehe." Alle lachen.

Martin zitiert Hafner und Loge, weil er Margrets Verdacht zu kennen glaubt, vermutet, dass sie Bindung mit Beeinflussung, Machtdemonstration identifiziert.

„Gibt Gold im Macht ... doch ward es zum runden Reife geschmiedet, hilft es zu höchster Macht."

Roberts Reaktion auf ihre Bitte kennt sie noch nicht. Nach ihrer Rückkehr blieb keine Zeit zu einer Aussprache, da die Tagung der Professoren mit einer Vortragsreihe verbunden ist.

Martin steht plötzlich die Frage nach der Finanzierung des Anbaus des neuen Hauses im Raum, und Gundi erschrickt, spricht von „Kredit aufnehmen", erwähnt aber die Bedingung nicht. Margret weiß, dass es für Gundi nur ein Wort gibt, das Gundi leicht auf der Zunge liegt: „Geld", aber sie kennt die Kreditbeschaffung nicht und weiß nichts von Martins Angst, die in seinem Denken nistet und die er sich auszureden sucht, weil sie die Antwort auf jene schwindelerregende Botschaft im Wasser zu sein scheint. Die Wendung: Einen Platz bereiten identifiziert er mit befristeter Lebenszeit, weil er an den verstorbenen Nachbarsjungen denkt, der dieses Erbe erzwang. Manchmal verstopft Martin sogar die Sinnesorgane, um die Stimme in seinem Innern zum Schweigen zu bringen, um sich gegen Außeneinflüsse zu schützen: Watte in den Ohren soll das Raunen der Rheintöchter zum Verstummen bringen, eine dunkle Sonnenbrille den Tanz der Nixen vor seinen Augen löschen. Er kann es nicht verhindern, dass ihn Botschaft und Kredit auf seltsame Weise belasten, weil sie sich verbinden. Während die Frau das Wort „selbstzerstörerisch" ins Gespräch transportiert und ihre Stimme mit Ärger belädt, wenn er bei einschleichender Dämmerung bei Spaziergängen am Rheinufer die Antwort auf seine brennende Frage erwartet. Seine Argumente sucht er auf den Ruinen der Scheinlogik, ohne die Schuld seiner Frau zu erkennen. Auf den Lockruf der Nixen fixiert, fürchtet er in den Strom zu geraten, mitgerissen zu werden.

Der Rhein ist der Großschifffahrt, des Güterverkehrs wegen zum Schwimmen ungeeignet.

Es ist ein helles Sommerwochenende. Die Fenster des oberen Stockwerkes im neuen Haus füllen sich mit dem leuchtenden Gelb der Mittagssonne. Der weiße Dunstschleier, der den Horizont verhängte, hat sich gehoben, die Sicht freigegeben. Ein schöner Blick auf den Rhein gehört zu den beiden Wohnungen. Der Strom glitzert und wellt vor sich hin. Sorglos fließt er unter den Blicken der Spaziergänger. Alles Hintergründige, das Furcht erregt, scheint harmlos. Keiner erwartet eine Beute aus dem Rhein oder den Tanz der Rheintöchter. Die Bewohner des neu gebauten Hauses aber finden kein Ventil für ihre Unzufriedenheit. Plötzlich löst eine Klangexplosion von Schlagzeug und Bläsern getragen, Verunsicherung aus, weil sie das Rheingeflüster ablöst. Das Ufer ist von tosender Musik erfüllt. Sie tönt aus dem Computer eines Spaziergängers, der sich nicht mit Kopfhörern begnügt. Die noch geschlossenen Fenster öffnen sich. „Robert ist zurück", sagt Martin wie so nebenbei. Gundi begnügt sich mit „Hmmmm". Martin zieht die Stirn in Falten. Nötig hat er es nicht zu warten, bis sich Margret nach so langer Zeit entscheidet. Beide wissen, dass die Betroffene nicht zu den Frauen gehört, die sich mit der Aussicht auf Trennung binden würde. Aber sie kennen deren Konsequenz. Margret versucht Robert vergeblich telefonisch zu erreichen. Der gleichmäßige Klang aus dem Handy beunruhigt sie.

Von dem gemeinsamen Ausflug wissen nur Martin und Robert, die ihn ohne die Frauen zu fragen planen.

Wo der Rhein das Juragebirge aus hartem Kalk durchbricht, 24 Meter tief abstürzt, liegt das Schloss über dem Wasserfall. Dorthin wollen sie pilgern. Der Ausflug wird Margret und Robert wieder vereinen, denkt Martin. Gundi reagiert auf seine Information skeptisch. Sie fürchtet die Verlagerung der Konfliktursache. Als die Nacht über die Ufer tritt, das Licht die Konturen der Häuser nachzieht, und der Mond als milchige Scheibe am Himmel zu sehen ist, informiert er Margret, die zwar zustimmt, aber Robert nicht erreicht hat. Seinem Gedankengebäude fehlt die Stimmigkeit.

Robert kommt tatsächlich, von Martin informiert, begrüßt Margret, als hätte es keine vier Wochen lange Entfernung zwischen ihnen gegeben. Den Ring erwähnt keiner der anwesenden Personen. Robert berichtet über seine Tagung und die Reaktion der Zuhörer auf seiner Vortragsreise, Margret erzählt von Land's Ends Landschaft, der Atmosphäre und von den Menschen, mit denen sie auf der Reise zusammentraf. Der mit dem Ring verbundene Grund der Reise fällt nicht, als hätte er für die Beziehung der Beiden keine Bedeutung. Martins Nervosität fordert Robert, der sein Problem kennt, heraus. An guten Ratschlägen fehlt es nicht. Auch Gundi weiß nicht, dass der Betroffene bei der Organentnahme nur hirntot sein muss, aber nicht alle Körperfunktionen erloschen sind. „Habt ihr doch nicht nötig", stellt Margret fest. Dass sich der Kredit vorher zurückzahlen lässt, vermutet Gundi. Dass sich im Laufe der Zeit ein Knotenpunkt im Netzwerk seines Denkens bildete, wundert nicht einmal Robert, obwohl er Martins Unbehagen für unangebracht hält. Seine Vorstellung, dass die Verwertung des Menschen nach seinem Tode nicht im Sinn des Schöpfers ist, trifft sich mit Margrets Vorstellung. „Die Ehrfurcht vor einem Schöpfungsakt ist dem Menschen abhandengekommen", sagt sie. Gundi dagegen reimt Gott, Geist auf Geld. Für sie ist erlaubt, was Geld einbringt. Margret wirft ihr vor, an die allmächtige, allwissende Maschine von Google zu glauben, sie an Gottes Stelle zu verehren.

Es ist die Zeit, in der das anonyme weltweite Netz für jeden Nutzer unsichtbar die Bedeutung und Funktion Gottes angenommen hat. „Ersatzreligion" nennt es auch Robert. Viele haben Gottes Existenz längst aus ihrem Denken gestrichen. Das Netz ist bereits zur Bühne der Selbstinszenierung geworden wie zur krankhaften Entblößung. Daher blieb die Verwertbarkeit des Menschen, einer Leiche nicht geheim. Viele beziehen sie bereits in ihre Testamente ein. Martin erinnert der Ausflug vor allem an den unerreichbaren

Schatz in der Tiefe, an „Rheingold". Es ist der Augenblick, in dem das Wasser vor seinen Augen in der Tiefe aufblitzt, die Kirchturmuhr den Schlag verweigert.

Gefährliches schwimmt auf der Kommunikation der Ausflügler. Ist es der Gesang der Rheintöchter, die das Rheingold bewachen, das Lied der Woglinde vielleicht, das so laut in seinen Ohren tönt? Warum empfindet er die Klangfarbe so intensiv? Es ist eine Farbe, die Stimmung erzeugt, seelische Tiefe schafft. „Seht, die Götterburg!" Margret zeigt auf das Schloss in der Ferne. Ein Gewitter hat sich entladen, den Himmel wieder gereinigt, und die Götterburg strahlt wieder in ihrem Glanz. Noch beklagen die Rheintöchter den verlorenen Schatz nicht. Heini, dem es nicht entgangen ist, dass der Großvater die Oma gelegentlich mit Wellgunde anspricht, fragt: „Omi, warum tanzt und singst du nicht wie die Nixe?" Eigentlich merken die Ausflügler, dass Martin durch den fragwürdigen Kredit die stabile seelische Achse verlor, aber keiner kann ihm helfen. Sein oft nach innen gerichteter Blick macht es ihnen schwer, sich einzumischen. Auch Robert und Margret bieten keinen Einblick in ihre Beziehung. Sie reden aus unterschiedlichen Perspektiven über Liebe. Robert begnügt sich mit einem geträumten Riesenblumenstrauß, dem Symbol der Hochzeit, während Margret dem Wandel der Wortdeutung auf den Grund geht, Zusammenhänge mit den Rheintöchtern herstellt, die sich nicht einfangen lassen und das spielerische Element suchen, dass die ursprüngliche Bedeutung des Wortes „Liebe" sich in Begierde, Verlangen, Gier finden lässt. „Vergesst das Wichtigste nicht", sagt Gundi und reimt Geld und Gier wieder auf Gott. An Elternliebe und Nächstenliebe denkt Margret, aber sie findet den ursprünglichen Zusammenhang nicht. Sie reden durcheinander, aneinander vorbei und finden den Bezug zum eigenen Problem nicht, als wären die vier Wochen Trennung ein Scherz gewesen, als hätte sich aus ihrer Beziehung nie ein Problem ergeben. Das Wort Ring spricht keiner der Beiden aus. Margret sieht immer noch die Annahme individueller Wesenheit als wichtige Voraussetzung für das Wort Liebe, wenn sich das auch nicht etymologisch nachweisen lässt. Der zivilisierte Mensch müsse von tierisch triebhaftem Empfinden geheilt sein. Robert weiß, dass sie keine Illusionen, keine Missverständnisse zulassen will. Sie begnügen sich mit der Botschaft der Rheintöchter. „Rheingold" wird als Symbol gesehen. Liebe, ein Lebensenergiespender, wenn sie frei von Gier, von Machtrausch, frei von Triebhaftigkeit bewahrt wird.

Sie durchströmt den Menschen und befähigt ihn, menschenwürdig zu leben.

Ein Händler hat sich eine besondere Attraktion einfallen lassen. Ein Schiff liegt mit einer großen Auswahl von Hochzeitskleidern und Kränzen vor Anker. „Alles für die Braut" heißt der Werbespruch, der die Reisenden anlockt. Es liegt in der Nähe einer kleinen Kapelle, die früher junge Paare nützten um mehr oder weniger offiziell die Treue zu versprechen. Vom Schleierkleid bis zum sportlichen Kostüm, Jungen und Älteren hat der Händler für jeden Geschmack etwas zu bieten. Ankleidepuppen liegen herum, und viele der Frauen spielen bereits mit den Angeboten. „Na, sucht euch eine Nymphe aus! Die wartet auf das Kleid.", fordert Martin auf. Martin und Gundi haben bereits gewählt, während Margret dem seitwärts liegenden Teddybären ein Brautjungfer-Kleidchen „verpasst", wie Robert es nennt, der Margrets Bewegungen folgt. „Warum soll der keines bekommen?", fragt sie. Schallendes Lachen antwortet. Schlüsse auf die eigenen Beziehungen lassen Robert und Margrets Verhaltensweisen und Worte nicht zu. Martin und Gundi schütteln enttäuscht die Köpfe. Ein Tonband unterhält die Käufer. Eine Stimme stellt Fragen, regt an, während die Besucher wählen, probieren, kaufen. „Was sagen Sie, wenn Ihr Freund öfter mit einer ehemaligen Freundin, Bekannten tanzt?" Gundis Kopf fährt herum, sie schaut Margret herausfordernd an. Deren Antwort: „Tanzt sie so gut?", scheint Gundi wenig zu befriedigen. Ihre Worte nehmen immer wieder Kurs auf die Beziehung zwischen Margret und

Robert nach der Reisepause. Für Martin stellt der Ausflug dagegen Entspannung, ein Zur-Ruhe-Kommen dar. Er hat eine schwere Zeit hinter sich, zumal ihn drei Wochen lang die Beziehung zu seinem toten Freund beunruhigte. In Gedanken sprach er mit ihm, glaubte Antworten zu erhalten, bis die Todesanzeige in seinem Postfach lag. Bis zur Verbrennung der Leiche setzte sich die Beziehung fort, schockte die Ehefrau und veranlasste Margret auf seine Information hin zu etlichen Fragen. Sie will wissen, ob er auf diese Weise das Jenseits erforschen konnte.

„Warum musst du dich immer mit Leichen beschäftigen?", fragt Robert.

Der trägt sein Problem im Gesicht, aber er verbalisiert es nicht. Die Damen suchen Hochzeitskleider aus. Robert kommt mit Martin, Margret mit Gundi. Die Beziehung zwischen Robert und Margret schwankt zwischen Nähe und Entfernung. Gundi erzielt mit ihrer Feststellung, dass Roberts Vermieterin den Ehemann gerne gegen den Mieter austauschen würde, nicht die gewünschte Reaktion. Die Betroffenen verziehen die Gesichter zu heiterem Lachen. Gundi weiß es allerdings nicht, dass Margret bei dem Gedanken an Liebe Zweifel anfallen, die mit einem melancholischen Verweben der Zeit vor den vier Wochen Beziehungspause konkurrieren. Martin schaut Gundi mitten ins Gesicht, ohne eine Reaktion zu erzielen. Als wäre es nie um einen Ring gegangen, als hätte er nie Probleme verursacht, erwähnt keiner das Wort, den Konfliktgegenstand. Nur die Hände der Beiden finden sich gelegentlich. Zehn Finger verirren sich, verbergen sich bis der Druck größer wird, sich die Muskeln anspannen, als würden sie sich heimlich unter dem Tisch begegnen. Dann Roberts nachsichtiges Lächeln. Er hat das Kind bei seinen Spielereien gefangen und hält es fest. Vor Aufregung brechen zwei kleine, widerspenstige Haarbüschel aus seiner penibel gekämmten Frisur. Später glaubt sie das Spiel ihrer Hände nur geträumt zu haben. Ihre Vorstellungskraft und die Realität kommen in Konflikt.

Auch Martin befreit der Ausflug an den Rhein nicht von seinen unbegründeten Ängsten. Wenn Gespräche um den Hausbau kreisen, gerinnen seine Züge zu angstvoller Formation. Gundi entscheidet sich dann für eine sehr unschuldige Miene. Margret trifft aus Gundis Augen ein verwunderter Blick, von einer langsamen Kopfbewegung begleitet. Sie bewegt ihn zuerst nach rechts, dann ebenso lang nach links. Jede Richtung nimmt die gleiche Zeit in Anspruch. Ihre ironische Bemerkung ist nicht überhörbar: „Wollt ihr bis zum jüngsten Tag warten, bevor ihr euch etwas näherkommt?" Margret verzieht den Mund zu einem zweideutigen Lächeln, bevor sie und Robert in verschiedenen Richtungen wegfahren. Wie sollte Gundi verstehen, dass der Mensch in seinem Leben oft als Zuschauer sich wiederfindet und unterschiedlich reagiert?

„Guten Abend!" Emmas Gruß fällt mitten in Margrets Überlegungen. Fast hätte sie die überschlanke, zierliche Kolonialwarenladen-Besitzerin übersehen. Trotz Kaufmarkt und Selbstbedienungsläden konnte sich „Tante Emmas" kleiner Laden in diesem Stadtviertel behaupten. Ihre Kunden blieben ihr treu, und es kommt selten vor, dass sich niemand in ihrem Geschäft befindet. Hetzen und Drängen gibt es hier nicht. Emma findet, während sie ihre Kunden bedient, immer Zeit für eine kurze Unterhaltung. Sie lächelt. „Heute feiern wir. Er hat es gut bestanden, sein Abitur", jubelt sie. Seit dem Tod der Eltern versorgt und erzieht sie den jüngeren Bruder. Sie hatte das zwanzigste Lebensjahr erreicht, und Andi trat gerade in das Gymnasium ein. Um seinetwegen hat Emma nie geheiratet, ihm Vater und Mutter ersetzt. Mit dem Erlös ihres Ladens finanziert sie später sogar sein Studium, kleinere und gelegentlich auch größere Bildungsreisen. An diesem Tag hat er sein erstes Ziel mit Hilfe der Schwester erreicht. Er soll Arzt werden. Das hat sie den Eltern versprochen, und Andi ist ein wohlerzogener, fleißiger junger Mann. Margret gratuliert und folgt ihr, um belegte Brötchen zu kaufen, denn Emmas Vorräte sind unerschöpflich, und mit der Öffnungszeit nimmt sie es nicht so genau, falls Kunden etwas brauchen.

Sie wirft den Mantel ab und schaut Margret erwartungsvoll an, ihre Hand verweist auf die mit Wurst und Käse, Salat und Gurken belegten Semmeln. Glück und Freude sprühen ihre wasserblauen Augen aus. Andi weiß, dass ihm die Schwester ihr Leben geopfert hat, auf persönliche Freuden und die eigene Bedürfnisbefriedigung verzichtete. Die personifizierte Selbstlosigkeit stellt jede Form der Nächstenliebe in den Schatten. So ist Emma eben, selbstlos und verantwortungsvoll, immer freundlich und hilfsbereit, das wissen alle ihre Kunden. Gundis Spöttelei über die fast „brustlose Dürre" zielt ins Leere. Dass auf den Bruder nicht nur positive Einflüsse möglich sind, veranschaulicht sie Martin im Bild: „Unkraut wächst auch ohne Schuld des Bauern auf dem Feld." Martin begnügt sich mit einem Brummen: „Hmmmmm".

Gundi, der immer eine Spur Resignation in der Stimme liegt, ist unfähig, den eigenen Ehemann von seinen Regenträumen zu befreien. Sie kreisen immer um Hausbau und Kredit. Im Traum findet er sich sogar gelegentlich auf dem Seziertisch wieder. Ein Punkt hat sich in seinem Denken zur Fläche ausgeweitet, ufert aus.

Gundi beschäftigt sich selten mit ihren Mitmenschen. „Die Dürre", wie sie Emma nennt, kennt sie vom Sehen. Andi, der beim Tod der Eltern noch nicht über den Ladentisch sehen konnte, findet sie nur blass in der Erinnerung. „Ein Studium muss sie auch noch bezahlen?", fragt sie lachend. Selbstlose Nächstenliebe kann sie nicht verstehen, gehört nicht zu ihrem Themenkreis. „Er setzt alle Hoffnung auf seine Schwester", Margret beeindruckt Emmas Leben sehr. Gundis Wundern liegt in ihrem Kopfschütteln. Robert hält sie für den geeigneten Partner. Diesmal spiegelt sich in Margrets Blick das leise Erschrecken. Warum Emma?

Was nicht einmal Martin wundert, ist Gundis Nebenverdienst. Sie verkauft regelmäßig ihr Blut und beteiligt sich an Tests, um die Wohnung im neuen Haus einzurichten, zu verschönern, wenn sie auch, das Mal der Gier eingebrannt, den Schatz aus dem Rhein vorgezogen hätte.

Margret, nur nach außen hin ruhig und ausgeglichen, schluckt was nicht durch ihre Kehle will. Sie wohnt noch in einem kleinen Appartement bei den Eltern, leistet sich die jährliche Studienreise und lebt bescheiden. An einen eigenen Hausstand denkt sie noch nicht.

Auch das ist Grund, warum das Wort, auf das es ankommt, weder ihre noch Roberts Stimme findet. Aber Robert hat auch die unterschiedliche Definition verstanden. Beide stoßen an die unerträglichen Bedingungen des Anderen. Dass sie aber nicht voneinander loskommen, zeigt die gemeinsame Reise nach Prag.

Auf getrennte Einzelzimmer legen beide Wert. Trotzdem steht der Hauch der Versuchung in der Luft.

Am ersten Tag der Blick von der Karlsbrücke auf den Brückenturm, auf die Burg über dem Moldauufer. Dann Hand in Hand die Besichtigung des Altstadtrings mit dem Rathaus. Was sie fasziniert, ist sein Wissen, die Erfahrung dessen, der eigentlich der Elterngeneration angehört. Margret hätte so gerne mit ihm gemeinsam die Geheimnisse der Welt erforscht. Sie versteht seine Situation, aber sie kann nicht anders und kämpft erbittert um den Mann. Zwei Tage und eine Nacht dauert die Bewährungsprobe. Dass sie neben dem Lehrberuf ihr Studium noch nicht abgeschlossen hat und schreibt und eine Mappe mit Rezensionen wie einen kostbaren Schatz aufbewahrt, weiß er. Eine Familiengründung wäre aus ihrer Perspektive viel zu früh. Ja, Robert begreift, bleibt der scheinbar verantwortungsbewusste, gebildete große Bruder. Ein Kindermärchen will sich ereignen. Aber Roberts stille Kritik steht in seinem Blick. Ist es wirklich das Ich, um das sich das Leben dreht? Zuweilen wird dieser Blick, auf sie gerichtet, zur offenen Anklage. Bleibt die Festung, die menschliche Seele uneinnehmbar? Auch Margrets Welt, noch voller Zauber und ungelöster Rätsel, wird eines Tages aus dem Märchen mitten in die Brutalität der Realität fallen. Robert glaubt es zu wissen. Was er aber nicht ahnt, ist die Begegnung mit Agnes' Verfolger. Kurz vor der Rückreise lernt sie Roberts ehemaligen

Mitschüler kennen. Der Romanfigur, dem Verfolger gleicht er in keiner Weise, aber er interpretiert sie, wenn er die Wahrheit auch in einen Scherz verkleidet, offenbart. Zufälle sind schöpferische, aber oft gefährlich. Roni vermutet offensichtlich eine Absprache zwischen Margret und Robert. War er wirklich beauftragt, Margret während ihres Aufenthaltes in Land's End zu beschatten? Warum? Margrets Blut gerinnt bei diesem Gedanken. Über das vermutete Misstrauen empört, distanziert sie sich trotz mangelnder konkreter Beweise. Sie erkennt ihn wieder, kann aber nicht allein mit ihm sprechen. Später wird dieses Schweigen an der Stelle einer Auseinandersetzung die emotionale Verbindung erheblich stören. In Margrets Kopf überschlagen sich die Gedanken. Stimmlos fallen die Worte gegen seine Windrichtung. Wessen Enttäuschung nach dieser Wochenendfahrt größer ist, lässt sich schwer sagen. Die Beschädigung der Gefühle führt auf beiden Seiten zu Distanz.

Margrets Einkauf in Tante Emmas Laden gleicht einem Hilfeschrei, obwohl sie kein Wort über das Ereignis verliert. Emmas Gegenwart beruhigt, verbreitet ein solches Maß an Menschenfreundlichkeit, dass selbst Margrets Ego schweigt.

Wer legt das Maß an, das innerhalb, das außerhalb des Ichs liegt? Könnte Robert wirklich heimlich von einer Macht Gebrauch machen, von der sie nichts wusste? Margret schaudert. Nur wer der Macht über den Partner entsagt, spendet und findet das Glück.

Auch Emma kann an diesem Tage die Trauer nicht verbergen. Sie hat einen Bericht des Nachrichtensprechers gehört: Israel bombardiert immer noch Gaza. Im Gegenzug schlagen noch Raketen in feindliches Gebiet ein. Ein Krankenhaus, eine Schule wurden angegriffen, liegen in Trümmern. Unter den Toten, Schwerverletzten befinden sich viele Kinder, Jugendliche. Ein Flugzeug wurde oberhalb der Ukraine mit dem gleichen Ergebnis abgeschossen. Die Leichen sind noch nicht geborgen. Die Trümmer der Unglücksmaschine werden geplündert. „Könnte man Kriege nicht verhindern? Tote, Zerstörung gehören doch nicht zum Menschsein", klagt

Emma, und sie klagt selten laut. „Als wäre eine friedliche Welt nur eine Illusion." Emma schüttelt, empört über so viel Brutalität, den Kopf, dass ihr zum Knoten gelegtes Haar zittert, den Knoten zu sprengen droht. Sie glaubt die aus dem Gleichgewicht, aus allen Fugen geratene Welt dem Untergang nahe. Anschwellen, aggressives Rauschen, Flugzeuge mit Überschallgeschwindigkeit schießen nachts durch ihre Träume, Weltuntergangsgeräusche lassen sie zu Albträumen werden. Eine Kundin redet von einem „kalten Wirtschaftskrieg", deutet die vorgesehenen Sanktionen auf Russland darauf hin. Sie sieht den Wirtschaftsfortschritt in Gefahr. Es ist nicht Emmas Art, ihre Gefühle auszustellen, aber ihr Mitleid mit den Betroffenen durchströmt sie, beschämt unbewusst Margret, die sich in ihrer Egozentrik festgebissen hat.

Dass auch andere leiden, begreift sie aber sofort, als sie am Rückweg Gundi trifft, die sich über Anna empört, die die in Mode geratene Strömung der Gesellschaft nutzt, sogar die sterblichen Reste der nächsten Angehörigen in Geld umsetzen will. Zu Organspenden nach dem Tod ermutigt sie die Eltern. „Wozu braucht ihr denn im Jenseits ein Herz?" Dass Begüterte das Mehrfache für noch lebende Organe, ein noch zitterndes Herz zu zahlen bereit sind, wird den Eltern bald zum Albtraum.

Als sich Martin nach kurzer Pause wieder beim Spaziergang erholt, wühlen die Klagen der Rheintöchter in seinen Gedanken den Untergrund auf. Ein Webfaden, das Leitmotiv, durchzieht das Gewirk. Das Anschwellen zu unheimlichem Grollen erinnert ihn an Alberich, der Wellgunde einzufangen versucht. Innere Vorgänge mit eigener Gesetzmäßigkeit sind in Musik umgesetzt. Spielerisch entzieht sich der lyrische Sopran dem Bariton. Aber das Spiel ist bald beendet. Martin denkt an Robert und Margret, aber weiß selbst nicht, warum er Gundel mit Wellgunde vergleicht, an Woglinde denkt. Aber auch Margret fällt selten aus seinen Gedanken, wenn er am Rhein spaziert. Ein Widerstreit zwischen Macht, Zwang und Liebe, denkt er. Ein Ich, das alle Fesseln sprengen muss, um sich entfalten zu können, um als freier Mensch der Liebe fähig zu sein. Der Mensch steht dem eigenen Ich gegenüber, als freies unabhängiges Wesen. Haftet ein Fluch auch an ihrem Ring?, überlegt er. Bedeutet ein Ring nicht ein Liebespfand? Woher nur kommt dieses Zitat: „Selig in Lust und Leid lässt die Liebe nur sein."

Sie weiß, dass sie unter den Wesen, unter den Möglichkeiten, die in ihr Gestalt annehmen könnten, nur die sein kann, die sie sein will, die sie annimmt. Die innere Freiheit kann sie auch der Liebe nicht opfern. In der Energie des Einzelnen, sich in seiner Individualität durchzusetzen, und zu leben, liegt der Reichtum, das Gold in der Tiefe. „Werde, wer du bist!", sagt Goethe. In Martins Ohren dominiert schweres Blech, aber der flirrende Klang der Streicher und Harfen rückt in den Vordergrund wie die sensiblen Klavierklänge. Baritonfanfaren reißen ihn aus seinem Traum. Rheingold, eine „Sage"? Eine „Märchenerzählung" vor Beginn einer Weltkatastrophe vielleicht. Alberichs schneidender, bösartiger Ton schreckt ihn.

Wo mag er Komponist in dem von Schiffen aller Art geplagten Strom, der eigentlich weder zum Angeln noch zum Schwimmen geeignet ist, die Sage, sein Märchen vertont, inszeniert haben? Martin sieht die Stelle vor sich, an der der Rhein der Donau das Wasser streitig macht. Das zerklüftete Karstgebirge mit seinen Klüften und Spalten mag die Ursache gewesen sein, dass sich das Wasser eigene Wege bahnte. Das ausgewaschene Gestein ermöglicht unterirdische Flussläufe. Aus den Einsenkungen im Karstgebirge wurden Karsttrichter, die einen Fluss verschwinden lassen konnten. Die Donau könnte, überlegt er, heimlich in den tiefer gelegenen Rhein geflossen sein. „Vielleicht, vielleicht", sagt er laut vor sich hin.

Es ist ein Samstagnachmittag. Weit und breit kein menschliches Wesen wahrzunehmen. Er sehnt sich nach einem blauen Himmel, aber die Landschaft wirkt unter dem dünnen Nebelschleier flach und grau. Das Grün am Ufer verbleicht. Seit Martin seine Leiche verpfändet hat, ringt er wie Margret um Erkenntnis. Die Welt erkennen, bedeutet sie erschaffen. Sogar Gundi hat er infiziert. Das gleicht einem Wunder, denn sie besitzt kein tiefgründiges Gemüt, lässt sich in dieser Richtung kaum ansprechen.

Irgendetwas liegt an diesem Tag in der Luft. Etwas ist spürbar, ohne greifbar zu sein. Martin glaubt sich auf seine Sinne nicht mehr verlassen zu können. Zu sehr sind seine Sinne in Raum und Zeit verankert. Seine Ehefrau zweifelt sogar manchmal an seiner Vernunft. „Träumst du schon wieder vom Rheingold?" Sie lebt in realer oder gelegentlich in digitaler Welt. Aber nicht in ihrer Phantasie. Dass sich der eigene Körper auch nach dem Tode noch verwerten lässt, hat sie längst begriffen, aber sie erwähnt es nicht mehr, weil sie Martins „Nervenschwäche", wie sie sagt, fürchtet. Für Margret zeigt sie kein Verständnis. Dass Beide gut verdienen, hält sie für den Hauptgrund für eine gut funktionierende Ehe. Gundi hätte selbst ihre Seele verkauft, wenn sich die Möglichkeit ergeben hätte, um zu einem Vermögen zu kommen.

Eigentlich ist es Martins Einstellung, die Margret herausfordert. Als sie sich wieder vor Emmas Laden treffen, drängt Gundi zur Eile, und Martin begründet mit dem Hinweis auf die Auseinandersetzung mit der Einkommenssteuer, Geldangelegenheiten gehören zu Gundis Aufgabenbereich. „Wellgunde bewacht das Gold", sagt er und lacht. Margret zitiert „Traulich und treu ist's nur in der Tiefe." „Aber da stiehlt der Zwerg das Gold", weiß Martin, und Gundi verweist sofort auf Margrets Ring. „Reines Gold wie deiner." Der wollte doch auch einen Ring. Dass er Robert kein Glück bringt, wie Martin behauptet, kann Margret nicht bezweifeln. Sie unterstellt Robert eine falsche Definition des Begriffs Liebe. Glücklich kann nur sein, erläutert sie, der sein individuelles Sein verwirklichen kann, die Frau ist doch nicht der Besitz des Mannes. Er darf keinen Machtanspruch geltend machen. Gundi, gierig nach Reichtum, spricht von Geld, Martin vom Gold und Margret von Lebenskraft, mit der das Rheingold, wie sie glaubt, den Besitzer durchflutet.

Von dieser Lebensenergie hängen alle geistigen und biologischen Prozesse ab. Gott spendet sie, sagt später Josef.

Liebe wird auch von ihr als tiefe, reine Empfindung, frei von Triebhaftigkeit, interpretiert. Beide halten Margrets Vorstellung für „weltfremd", „unrealistisch", und sehen die Ursache des Konflikts in ihrer Auffassung. Auf den Einwand, Alberich missbrauche die Macht des Goldes in seiner Gier nach Reichtum und Macht, meint Margret: „Aber der Robert doch nicht." Nein, diesen Vergleich finden Gundi und Martin höchst unpassend. „Rheingold ist reines Gold." Margret deutet den Rhein als den Strom des Lebens, sein Gold auch als Glück für den, der es nicht missbraucht, der einer reinen, tiefen Empfindung fähig ist. „Welcher Mann verzichtet denn auf Sex?", lacht Martin, „Oder auf eine gewisse Macht?" Auch Gundi zweifelt an der Brauchbarkeit dieser Definition und vermutet, das läge an der Wahl des Partners. Ja, nicht den unwürdigen Mann wählen, damit Gier nach Besitz und Macht nicht zum Fluch wird. Margret weiß, dass diese Haltung nicht auf Robert zutrifft. Sie liebt ihn, aber sie hält es für die Aufgabe der Frau, die reine, tiefe Empfindung zu bewahren und zu bewachen, frei von Triebhaftigkeit, und verweist auf die Aufgabe der Wellgunde. Die drängt, über Margrets Vorstellung amüsiert, zum Aufbruch. Viel Arbeit für das Steueramt wartet auf sie. Margret geht auf Emmas Kaufladen zu und winkt. „Ade! Pass auf, dass dir das reine Gold nicht abhandenkommt!", sagt Gundi ironisch. Wie könnte sie verstehen, dass die Entscheidung Margret ernsthaft überfordert? Sie kann sich nicht selbst aufgeben. Margret ist, die sie wurde, die sie ist. Daran würde auch Roberts Anspruch nichts ändern.

Nur der Sprung in die fiktive Welt rettet sie.

III. Goldfarben und Klänge

Agnes liebt ihren Ehemann trotz vieler Meinungsverschiedenheiten, aber er kehrt vom Begräbnis seines Vaters aus unerklärlichen Gründen nicht zurück. Jede Suchaktion bleibt ergebnislos. Verzweifelt versucht sie ihn selbst zu suchen, Erkundigungen vor Ort einzuholen. Telefonkontakt erweist sich in dieser Höhe als problematisch. Außerdem ist Reinhards Halbbruder wortkarg und er wurde über die Rückfahrt nicht eingeweiht. Er weiß nicht einmal, ob der Besucher nach dem Begräbnis sofort abreiste, welchen Weg er nahm. Der befragte Arzt des Vaters scheint nicht informiert zu sein. Er lernte den Vermissten nicht einmal kennen. Übernachtungen waren in keinem Gasthof bestellt. Agnes versucht daher, mit den Verwandten persönlich Kontakt aufzunehmen.

Das Problem fängt schon mit dem Ortsnamen an. Sie findet ihn nicht auf der Landkarte. Nach Information eines Reisebüros muss das Erholungsgebiet nur zu Fuß erreichbar sein. Ein Lift, eine Seilbahn führt zu dem in luftigen Höhen lebenden Pferdezüchter am Alpenrand, in Tschögglberg. Agnes hat Glück, weil ihr der Zufall einen Begleiter zur Seite stellt. Sie haben das gleiche Ziel, und der junge Mann nimmt Agnes mit. Gemeinsam schweben sie mit dem Lift über das Etschtal. Reinhards Vater lebt mit dem Viehzüchter, seit dem Tode der Ehefrau, allein. Dass das Begräbnis im Tal stattfand, weiß auch der Begleiter nicht. Über die Rückreise Reinhards ist niemandem etwas bekannt.

Agnes lässt den Blick über die Berge schweifen, der bis zu den Dolomiten reicht, und denkt mit Schrecken an die Gefahren, denen der Gatte ausgesetzt war.

Der Fremde kennt Wege und Abkürzungen. Sie sind mit einem L gekennzeichnet. „Erdpyramiden", sagt er, und sein Zeigefinger wippt durch die Luft. Die steilen Waldwege führen an einem

Marterl und an einer kleinen Kapelle vorbei. Bald führt der Weg ins Tal, bald wieder bergan. Von Zeit zu Zeit lädt ein Gasthof zu einer Pause ein, aber sie wandern zügig weiter. Margret wandert gerne und oft, überträgt ihre Vorlieben auf Agnes. Die ganze Wegstrecke belastet sie Reinhards Verschwinden. Der Verdacht, dass er einem Unfall zum Opfer fiel, ist groß. In Tschögglberg wohnt der ältere Stiefbruder des Vermissten. Seit dem Tod des Vaters lebt der wortkarge Pferdezüchter allein in der Einöde. Er hat eigentlich Tiermedizin studiert, aber er zieht es vor, in der Einöde Pferde zu züchten. Geht man davon aus, dass es sich beim Reiten um eine Kunst handelt, dann beherrscht sie Josef vollkommen. Er scheint die Gesetze der Mechanik, Statik, und Dynamik zu beherrschen wie die Gesetze der Physiologie und Psychologie. Das beweist sein Umgang mit den Pferden, die Art, wie er die jungen zureitet und wie er sich im Sattel bewegt. Das Pferd und der Reiter bilden immer eine Einheit. Ob er im Schritt geht, trabt oder galoppiert, er weiß mit den Pferden umzugehen wie kaum ein anderer Reiter. Vielleicht deshalb, weil er die Psyche der Pferde so genau kennt. Jede Woche verkauft er seine Zucht am Markt. Da er es versteht, ihnen den nötigen Gehorsam abzuverlangen, vertrauen ihm die Pferde. Josef reitet weitgehend im Gelände, weiß Hindernisse zu überspringen, zu überwinden. Agnes fällt es schwer, ihm Antworten auf ihre brennenden Fragen abzuverlangen. Er weiß nur, dass der Halbbruder am Begräbnis des Vaters teilnahm und am Nachmittag den Rückweg antrat. Reinhard legte nie Wert auf die Einöde. Der wortkarge Mann zeigt sich auch zu keiner Unterhaltung bereit, zieht sich so schnell als möglich zurück. Es dauerte lange, bis er Worte findet, sich bereit zeigt, sich mitzuteilen.

Dr. Braun, der Tierarzt und Viehzüchter, scheint wenig Worte zu besitzen. Als ihn aber Agnes nach einem Foto von seinem alten Landhaus fragt, zeigt er auf einen alten Pferdestall. Sie folgt ihm. Hinter der Futterkrippe steht eine Staffelei und eine Mappe mit Bildern, die er noch aufhängen will. Josef malt in der geringen

Freizeit, die ihm bleibt. Goldfarbene Töne fallen auf allen seinen Bildern auf. Gold empfindet er als die Farbe der Himmelsherrlichkeit. Dass er „reines Gold" sagt, liegt sicher an Margrets Interpretation, die sich in ihren Gedanken eingerichtet hat. Daher muss Agnes Stellung beziehen. Gold dominiert in den Bildern in Verbindung mit rotem Untergrund oder mit blassem Grün. Immer verweist das funkelnde Gold auf eine geheimnisvolle Welt im Licht, auf ein mystisches Reich. Es steht im Kontrast zur realen Welt im Licht oder im Schatten. „Reines Gold ist kostbar", sagt Josef und summt ein Motiv der Rheintöchter. Agnes kennt es. Sie ahnt die Beziehung zu jenem Farbenspiel auf Goldgrund. Ein Geflecht leuchtender Glanzlichter. Der Viehzüchter ist ein gebildeter Mann, und er liebt wie sie den „Ring", wie die anderen Werke Richard Wagners. Im Gegensatz zu seinem Bruder zieht er diese Musik der „Klassischen Musik" vor. Agnes findet in ihm eine verwandte Seele, erschrickt, als er nach ihren letzten Werken fragt, sie weitgehend von Ausstellungen her kennt.

Margret weiß, dass ihr Agnes zuweilen entgleitet. „Robert hat keinen Bruder", sagt sie leise. Sie identifiziert nicht Reinhard, sondern Robert mit Josef und ist enttäuscht, weil ihre Phantasiegestalt nicht der Realität entspricht, weil der penible, nüchtern, rational denkende Robert im Gegensatz zu Josef steht. „1. Satz einer viersätzigen Sinfonie", sagt Josef in Agnes Überlegung hinein, „der Mensch zwischen Liebe und Machtgier". Die Energie kann nur die Liebe freisetzen. Alberich will sich eben durch den Ring Macht erwerben. Ein ironisches Lächeln verzieht Josefs Gesicht, und Agnes erkennt die Anspielung auf Reinhard.

Margret überlegt nicht lange: Jeder muss diese Kraft in sich selbst suchen, sie selbst auslösen, vermutet sie. „Wenn wir schöpferisch tätig sind, geistig arbeiten, setzen wir die Energie, die wir brauchen, frei." Dass Agnes versteht, nimmt er als selbstverständlich an. „Sie schlummert in mir, in dir." Agnes sieht Reinhards ironisches Lächeln vor sich, ein Lächeln, das im Augenwinkel beginnt und sich langsam von links über das ganze Gesicht ausbreitet. Ob Josef in diesem Augenblick die christliche Jenseitsvorstellung oder den Götterhimmel der Nibelungensage meint, geht aus seiner Bemerkung nicht hervor. „Für Richard Wagner", sagt Agnes, ist das „Rheingold" ein Symbol. Beim Malen denkt Josef in der Regel nicht an Musik, aber ein Bild erinnert sehr an die Rheintöchter. Agnes hat sie gesehen, seine Bilder. Er hat einen der Pferdeställe zu einem kleinen Museum umgestaltet, das seine Gemälde beherbergt. Ein Geflecht leuchtender Glanzlichter bestimmt den Einzug der Seelen ins Paradies. Der Glanz des Goldes durchstrahlt die überirdische Welt. Die „Himmelfahrt"! Sein Zeigefinger verweist auf eines der ersten Gemälde. Der flammende Heiligenschein würde keine andere Farbe ertragen als Gold. Die geheimnisumwobene Welt des Jenseits beweist es, Gott ist das Licht. Gold, das wertvollste Material, bedeutet Reichtum und Macht. Im nächsten Bild ist die Beziehung, die Agnes sofort erkennt, nicht zu übersehen. Die Gier nach Reichtum und Macht bringen jeden in Gefahr, der den Schatz in der Tiefe heben will.

Josef malt mit Leim- und Plakatfarben, selten Ölgemälde. Die Leimfarben rührt er aus Farbpulver und Glattolin-Leim selbst an. Er malt mit einem Borstenpinsel. Auch die Verzierungen an den Ställen zeigen, dass ein Maler am Werk war. „Mit Harz und Honig", sagt er, „wie zu alten Zeiten".

Seine widerstandsfähige Hengstzucht macht sich bezahlt und erlaubt nicht nur ein Museum auf grasigen Matten. Josef stellt auch manchmal in der Stadt aus.

In vielen seiner Bilder klingen Motive und Melodien an. Er strebt nach einer harmonischen Synthese von Farben, Linien. Sie geben Takt und Rhythmus und den Ton an.

Josef begnügt sich wie immer mit kleinen Gesten und nickt. Dass er sich bereit erklärt, Agnes mit der Seilbahn und zu Fuß zur Busstation zu begleiten, verdankt Agnes seiner Bildung, seinem Verantwortungsbewusstsein. Er will ihr bei dieser Gelegenheit auch den Weg zeigen, den der Halbbruder gehen musste, denn auf diesem Weg kann man nicht spurlos verschwinden. Als sich das Handy bemerkbar macht, ist der Moment der Spannung endlich beseitigt. Reinhard ruft vom Krankenhaus an. Er musste sich nach einem Unfall am Rückweg dort behandeln lassen. Obwohl er den Aufenthalt der Ehefrau vermuten muss, kommt lange kein Kontakt zustande. Ein Rotkreuzhubschrauber wird ihn nach Hause bringen, und Agnes verspricht, so schnell wie möglich das gleiche Ziel zu erreichen. Die Entfernung ist groß. Er ist der südlichste Ausläufer des Sarntaler Kammes zwischen Etsch und Talfer, der Tschögglberg. Die weite, freie Hochfläche fasziniert nicht viele Touristen, aber der Pferdezüchter liebt diesen Mischwald und die idyllischen Wiesentäler. Mächtige Lärchen und alte Mühlräder beherrschen die Landschaft. So manch ein Holzfäller hat seine Kräfte an ihnen erprobt. Josef kennt die steilen Waldwege. Man bemüht sich, bei der Motorisierung diese Waldwege weitgehend zu verschonen. In den Lichtungen ist alles Sonne und Licht, in der Ferne wird die Seilbahn sichtbar. Sie wird sie über den steilen Felsenhang tragen. Die Wanderung dauert fast vier Stunden, aber die Seilbahn verkürzt den Weg. In den Lichtungen üppiges Grün und das leise Rauschen der Lärchen, die sich im Wind wiegen, und noch grüne Wildnis, wo auch letzte Reste uralter Bäume den Weg säumen. Agnes begeistert sich sofort für diese Landschaft und versteht sehr gut, dass Josef den Beruf des Pferdezüchters in dieser Berggegend dem des Tierarztes in der Stadt vorzieht. Er gesteht dem auch schöpferisch Tätigen die nötige Freiheit zu. Als sie sich an der Busstation verabschieden, weiß Margret, dass sich Josefs Handmuskel spannen muss. Zehn Finger verirren, verbergen sich voreinander, bis der Druck immer größer wird. Nein, Reinhard ist es nicht. Josef verabschiedet sich von der Schwägerin.

Zuhause kümmert sich dann die besorgte Ehefrau um den Verletzten, erzählt ihm von Josef, dem Pferdezüchter und Künstler. „Dr. Braun, im Stall, der Pferdehändler am Markt", spöttelt

Reinhard. „Nein, in diese Einöde bringen mich keine zehn Pferde." Josefs Vorliebe für Goldfarben kennt er wie die für den religiösen Bereich, den, wie er glaubt, die Mutter beeinflusste. Von einem Bild, das „Rheingold" heißt, weiß er nichts. Er vermutet, dass Alberich eine der Rheintöchter als Lichtreflex einzufangen versucht. Zum Turnier werden sie fahren, weil Josef mit seinem Star unter den Hengsten mitreitet.

Reinhard hält den Bruder für einen Menschen, der es nicht versteht, zu Geld zu kommen. Mit etwas Geschick, glaubt er, würde der Bruder ein steinreicher Mann sein. „Tierarzt, Pferdezüchter, ein hervorragender Reiter und die Gemälde im Stall. Er versteht sie nicht zu verkaufen", wirft ihm Reinhard vor. Agnes fällt die Geldgier des Gatten erst auf, seit sie den bescheidenen Bruder etwas genauer kennt.

Wie lange sich ein Ereignis in der Erinnerung hält, hängt von der emotionalen Intensität, die sie verursacht hat, ab. Agnes weiß, dass sie die Begegnung in Tschögglberg nicht so schnell vergessen kann. Seit sie Reinhard mit Josef unbewusst verwechselt, da ist es bereits zu spät, um in ihren Gedanken, ihrer Phantasie den Gatten für Josef einzusetzen. Ist es Agnes oder Margret, die Robert statt mit Reinhard mit Josef verwechselt?

Reinhard findet es seltsam, wie der Maler ohne Endzeitstimmung zu verbreiten in seiner Vorstellung eine neue Generation aus freien, glücklichen Menschen heranwachsen sieht, die Brüderlichkeit, Nächstenliebe regieren, Kooperation an der Stelle von Konkurrenz steht. „Dazu müsste der gierige Machtmensch erst beseitigt sein", wirft Agnes ein, die seit ihrem Besuch in Tschögglberg dem Gatten gegenüber leicht zu Aggressionen neigt.

Reinhard beschäftigen gerade die Schreckensbilder, die beweisen, dass Macht und Ohnmacht immer noch die Geschichte durchziehen. Während er von Flüchtlingen redet, die gerade auf der Flucht im Gebirge verdursten oder auf der Flucht im Meer ertrinken, in den Trümmern zerstörter Häuser umkommen und auf Zeltstädte verweisen, die Europas Hilfslieferungen erwarten, kann er sich einen Seitenhieb auf den „weltfremden Phantasten" nicht verwehren. „Kriege, und daher Sieger und Besiegte, Mächtige und Ohnmächtige gab es schon immer." Agnes ist überzeugt, dass diese Erfahrung dem Komponisten des „Rheingold" auch im Nibelungenlied begegnete. Alberich muss auf Liebe verzichten, weil er Macht und Besitz anstrebt. Er zwingt Mime, für ihn zu arbeiten. „Die Männer streben ja auch nach Macht über die Frauen", fügt sie ironisch hinzu. Agnes liebt diese Musik, besonders den „Ring", weil er ihre gegenwärtige Lage darzustellen scheint. Das Ende einer Ära und den Neuanfang, den eine Generation garantieren soll, die ohne Machtgier auskommt. „Ich wäre mit dem Gold zufrieden", lacht Reinhard. Von der Seite trifft ihn Agnes verachtender Blick. „Josef braucht die Goldfarbe, um überirdische Töne, Klänge zu symbolisieren. Mir genügt das in Geld vertauschte Metall in der Tiefe." Agnes begnügt sich mit zwei Worten: „Du schon."

Das Feuer des letzten Sonnenlichtes im Fenster erinnert sie wieder an Josefs Gemälde, aber sie schweigt. Der Gatte versteht überirdische Klänge nicht. Das weiß sie. Er prophezeit dem Halbbruder, dass er sich zum Einsiedler entwickeln wird, wenn er sich nicht bemüht, eine der „Rheintöchter" einzufangen.

Margret erschrickt über die plötzliche Erkenntnis ihrer Romangestalt. Sie will in dieser Situation nicht die Ursache des Zerwürfnisses sehen. Agnes dreht den Ring vor und zurück.

Sie weiß, dass sie Josef meinte, ohne ihn näher zu kennen. Ihre Verzweiflung verdunkelt den Horizont. Reinhard reicht ihr die Zeitung. „Da, seine Ausstellung, von der Presse kommentiert: ‚Töne in Farben', von einer musikalisch-farblichen Harmonie ist die Rede. Die Sättigung der Farbe wird mit dem Klangvolumen verglichen. Dass der Betrachter Musik höre, meint ein Reporter. Ein anderer vergleicht die Veränderung der Lichtquelle mit der Tonschwingung. „Er lässt auf seinen Gemälden Farben erklingen." Kurz, die Presse bringt die Farbgebung seiner Gemälde in positiver Weise mit Musik in Verbindung. Reinhard nimmt sich vor, ihn nach den Preisen zu fragen, um ihn auf den Wert seiner Bilder aufmerksam zu machen.

Diese Gelegenheit ergibt sich am Tage des Reitturniers. Vor dem Turnier bleibt keine Möglichkeit zu einem Treffen, deshalb wird ein gemeinsames Abendessen nach der Vorstellung geplant. Agnes Aufregung steckt sogar den Ehemann an. Der Reiter aber erscheint ruhig, konzentriert.

Die Sprünge setzen sich aus verschiedenen Bewegungen zusammen, wobei das Pferd vorschriftsmäßig die Haltung ändert. Die Flugphase nach dem Absprung löst bereits den ersten Begeisterungssturm unter den Zuschauern aus. Josefs Pferd fliegt mit langgestrecktem Hals und hochgezogenen Vorderfüßen über jedes Hindernis hinweg. Der Bruder beobachtet das vernünftige, entschlossene Anreiten genau. „Mittelgalopp", sagte Josef später. „Es entscheidet über den Sprung." Der Erfolg hängt davon ab, wie der Reiter sein Pferd an das Hindernis heranführt. Das Tempo fordert dem Reiter wie dem Pferd mehr oder weniger Muskelkraft ab. Josef strahlt Ruhe und Disziplin aus. Das fällt auch Agnes auf, seine Haltung wirkt beruhigend. Dass er alle Energiereserven einsetzt, davon sind alle überzeugt. Den Springsitz nimmt er von Anfang an ein. Seine Füße sitzen tief im Steigbügel. Der richtige Sitz, glaubt Reinhard, ergebe sich aus dem gewählten Tempo. Der Reiter erscheint als Meister der Anpassung. Er hält das Gleichgewicht, lässt keine Behinderung, keine Hemmung entstehen. Auch bei der Landung passen sich Pferd und Reiter an, damit das Gleichgewicht nicht gestört wird. Seine Pferdezucht vertraut ihm, würde nie den Sprung verweigern. Agnes glaubt an Josefs Geschick, an seine Liebe zum Pferd. Reinhard an Übung und Routine. Er kennt seine Pferde nicht nur, er kann sie als Tierarzt auch heilen, wenn sie krank sind oder Energien verlieren. Josefs Rivale, und privat ein guter Freund, hält ihn für einen „bescheidenen Mann". Er konnte gerade noch das Ausbrechen des Pferdes verhindern und fällt in der Punktzahl zurück.

„Springen darf nicht zum Ereignis werden", sagt Josef. Turniere sollen angstfrei geritten werden, damit sich die Angst nicht auf das Pferd überträgt. Dass der Pferdezüchter erfolgreich sein, einen Preis gewinnen würde, ist vorauszusehen. Ihm aber geht es um Leistung. Der Sieger erhält als Trophäe ein kleines, goldenes Pferdchen. Kein gestohlenes Gold, erworben, gewonnen, spöttelt Reinhard. „Und du?" Agnes fragt Reinhard. Der herausfordernde Blick wertet seine Person ab. „Reines Gold", lacht der Sieger. „Energieerzeuger. Es schafft Leistungsfähigkeit, geistig wie beim Reiten."

Das kann sich Margret nicht verkneifen. Josef soll ihre Vorstellung überzeugend zeigen. Reinhard rät dem Bruder, endlich eine der Rheintöchter einzufangen. Die könne ihm helfen, auch seine Bilder angemessen zu verkaufen. Josef zuckt leicht mit der Schulter. „Kann sein." Reinhard kritisiert Josefs Einstellung zum Geld wie die zu Frauen. Der Pferdezüchter und Sieger ist kein überzeugter Junggeselle, aber er hat eben, wie er sagt, keine Zeit zum Heiraten. Agnes verteidigt den Schwager, rühmt seine Bilder und lässt den Ehemann deutlich spüren, dass er Josef gegenüber eine „Niete" ist. Das Bild „Rheingold" will Reinhard natürlich sehen, und sie besuchen die Ausstellung im Pferdestall.

Gold verleiht nach Vorstellung des Malers dem Bild die Qualität einer anderen Welt. Für das Jenseits braucht der Maler den Glanz des Goldes, „für alles Überirdische", stellt er fest.

Auch das „Rheingold" hängt mit dem Götterhimmel zusammen, bleibt nicht Alberichs Besitz. Alberich erreicht seine Ziele nicht. Seine Triebhaftigkeit stößt die Rheintöchter ab, seine Gier und sein Streben nach Macht kann ihn nicht zum Erfolg führen. Agnes nickt, Reinhard lacht und wird von seiner Frau zurechtgewiesen. „Reines Gold", betont er und sein Finger pendelt über den Gemälden, die durch Goldgrund, durch die Goldfarbe auffallen. „Gold steht mit Gottes Herrlichkeit in Beziehung. Für den Christen bedeutet Gott die Lebensenergie." Das Funkeln kommt nicht nur durch Kerzenlicht zustande. Agnes weiß, dass er mit besonderer Vorliebe

Goldfarben benützt, um mysteriöse Dinge, mystische Bereiche, Jenseitiges darzustellen. Auch früher malte man Heiligenscheine, Gewänder der Heiligen oder der Mutter Gottes in Goldfarben.

Auch Josef hält „Rheingold" für ein Symbol. Für ihn bedeutet das wertvollste der Metalle Energie, die der Mensch im Strome des Lebens braucht, um sich zu bewegen, um zu atmen, um zu reiten, zu malen. Das Symbol sage nichts über den Schöpfer aus, vermutet er. Dagegen über die Lebenskraft, die den Menschen zu Arbeit, zu allem befähigt, damit etwas geschieht. Er hält sie für Energie, die in uns wirkt. „Energiegeladen bin ich, wenn meine Batterien aufgeladen sind, Energie ist die Voraussetzung, dass ich leben kann, mich bewege, arbeite. Sie löst Prozesse aus, ist auch für Bewusstseinsprozesse nötig, die nur mithilfe dieser Kraft ablaufen. Das Maß der Energie bestimmt meine Aktivität. Das Bewusstsein bietet Impulse, damit etwas geschehen kann. Ob Gott die Energie ist oder schenkt, hängt von unserem Glauben ab. Sie durchströmt alles. „Hast du deine Batterie gut aufgeladen, damit du alle deine Probleme lösen kannst, erfolgreich arbeitest?", fragt er den Bruder. Problemlösungen kosten viel Energie. Ich lebe gesund in der Natur mit meinen Pferden, führe ein gesundes Leben ohne Rauchen und Alkohol. „Und ohne Frauen", lacht Josef. Energie macht Leben möglich, also will Alberich das Gold besitzen, aber er müsste der Triebhaftigkeit entsagen, seine Machtgier und Geldgier bekämpfen, und das kann er nicht.

Margret legt den Stift weg, atmet tief durch. „Energie im Strom des Lebens. Sogar das Atmen setzt sie voraus." Aber es muss „reines Gold" sein. Josef weiß es.

Martin hat sich mit Margret über seine Absicht, ein Musikdrama zu bebildern, unterhalten. Seitdem singt Gundi mit Wellgunde: „Rheingold, Rheingold, wie lauter und hell leuchtest hold du uns." Und sie trifft tatsächlich konsequent mit dem Wort „Gold" den Ton es. Aber für sie bedeutet Gold einen Wert, Geld. Wie Martin strebt sie nach Reichtum, Besitz. Martin lässt im Film seine Person singen: „Mit Gold geklirrt, nach Gold nur sollt ihr noch gieren." Margret fragt nur: „Bist du sicher, dass die Töne stimmen? Ich erinnere mich an die Töne: g, as, b", worauf Martin mit Alberich spottet: „Ha-ha-ha-ha, habt ihrs gehört?"

Die Presse nimmt ihm wesentliche Arbeit ab. Sie präsentiert die Bilder, mit der Unterwasserkamera aufgenommen. Reste des gesunkenen Schiffes sind es, die an Steinen und Gesträuch hängen geblieben waren, die man längst fotografiert hat, die aber niemanden interessierten. Der Strom hatte die Waren weitgehend mitgerissen. Von Münzen ist nicht die Rede. Dass Martin trotzdem mit seinem Tauchlehrer taucht, liegt an seinen fehlenden Erfahrungen unter Wasser, die er für den Film braucht. „In Indien zahlen sie 100 Dollar für eine Niere", sagt Gundi plötzlich. „Organ-Markt." Er wirft das Wort so wegwerfend vor sich hin, dass die Frau trotzdem feststellt: „Es muss ja nicht unbedingt „Rheingold" sein, wenn man zu Geld kommen will." Dass das Verkaufen von Organen existenznotwendig für Arme in Indien sei, hat sie gelesen. Sie bezahlen ihre Schulden damit. „Leichen bringen", sagt die Frau, „mehr ein als dein Film und der Schatz, von dem du träumst." Er lässt sich nicht beirren und zitiert Loge: „Durch bleiche Nebel – was blitzen dort feurige Funken?" „Wie lange wirst du noch an dieser verrückten Idee stricken?"

Martin aber lebt in der Freizeit in seinem Film, geht am Ufer entlang: Nicht Fische interessieren ihn, nicht Schiffe, nur Farben und Töne, Klänge. Die Kamera ist seine Begleiterin.

Es ist ein Sonntagnachmittag. Die Sonne überflutet den Strom mit gleißendem Licht, wo die Nahtstelle zwischen Himmel und Erde verschwimmt. Inmitten eines scheinbaren Flammenspektakels türmen sich die Stimmen der Rheintöchter, überschlagen sich zuweilen. Drei Wasserwesen fliehen im Licht voneinander, streiten, fangen sich spielerisch, greifen sich an, verteidigen sich. Sie singen gegen die Wellen. Das Licht schafft sie und die Goldfarben, hält sie in verschiedenen Tönen von der Kamera fest. In Martins

Ohren hallt, tönt, schwingt und pfeift es oft lange, bis er sie endlich zu hören glaubt, die Melodie, die Gesänge der Nymphen und das Wühlen im Grund. Die hüpfenden Bewegungen vertonen Geigen, Cello, Kontrabass und Bratsche, zuweilen nur zwei Geigen. Martin legt die Kamera zur Seite, versucht in seiner Partitur zu prüfen, was er hören will, vielleicht wirklich zu hören vermag, und dort Alberts „Lüstern lechz ich nach euch". Dem Abgrund entstiegen, erklimmt er in Martins Phantasie, wie über eine Wendeltreppe aus der Tiefe, das Riff. Wie soll er seine vergeblichen Versuche, die Nymphen einzufangen, in seinem Sinn auf die Leinwand bringen? Sein Film soll ein Naturfilm mit Lichtreflexen, Nebelschwaden, und natürlichen Farben werden. Schattenhaft will er dort am Felsenende Alberich einfangen. Aus der Tiefe wühlt, strömt, flutet das Wasser nach oben.

Munter kreischen und lachen die weiblichen Stimmen dazwischen. Den dramatisch, dialogischen Charakter der Rheintöchter-Szene mit Lichtreflexen im Bild festzuhalten, stellt ihn vor Probleme. Hüpfende Lichtreflexe, Lichtwirkungen aller Art filmt er, versucht sie später zuzuordnen. Auf das richtige Schneiden des Films kommt es auch an, vermutet er. Farben und Töne, Klänge wird er vereinen, Klangvolumen und Sättigungsgrad der Farbe. Gegen Abend steigt das Licht glasig sanft gegen den Himmel an, und die Goldfarben scheinen wirklich in seinen Ohren zu tönen, Musik sich in Farben zu äußern. Für ihn ist die Beziehung von Farben und Musik längst fassbar. Das Wasser strömt in seiner Phantasie mit dem Streichorchester. Er glaubt das Wasser plätschern, strömen, ja zwischen den Wellen den Abgrund aufwühlen zu hören und „durch die Fluten hindurch fließt ein strahlender Schein". „Rheingold! Rheingold."

Martin steht hilflos, wie versteinert frierend am Ufer. Die eisige Morgenluft bringt seine Zähne disharmonisch zum Klingen, zum Klappern, obwohl in seiner Erinnerung die glühenden Farben eines Gemäldes aufleben. Der Himmel über ihm blaut intensiv auf und wirkt kühl wie beruhigend. Aber eine unsichtbare Wand zieht sich zwischen ihm und der Realität auf, als hätte sich die Konfliktursache verlagert. Wo er steht, riecht es nach Holz, Blättern und vor allem nach Wasser. Der Film scheint sich wie von selbst zu inszenieren. Seit der Morgen das Licht bestochen hat, flutet es über den Strom, und dem Uferweg, den er entlang geht. Die unheimlichen Schatten sind verschwunden, die Sonne hat längst das Nebelnetz zerrissen. Kein Föhn färbt den Himmel, aber der von früher Sonne durchsiebte Wind bringt ihn zum Zittern. Martin findet keine Worte für seine momentane Befindlichkeit. Dann greift er nach seiner Kamera und filmt die Natur. Ja, sein „Rheingold" soll eine Naturerscheinung werden. Farben sollen erklingen, Klänge farbig wirken, wenn die Gesänge der Rheintöchter aufklingen. Ihm geht es um die Farbreize in der Musik, die er liebt, die sich in seinen Ohren festgesaugt hat, Klänge und Farben. Töne in Goldfarben, Goldfarben in Tönen, Klängen will er in seiner Inszenierung zum Leben erwecken. Die Musik soll gleichzeitig die Sehnerven erregen. Ohne seine besondere Bemühung bevorzugt die Natur die Farbe Gelb, Rot, Gold und immer wieder Gold und Blautöne in allen Nuancen. Die sinnbildliche Bedeutung der Farbe beruht auf uralter Erkenntnis. Rot soll die Liebe versinnbildlichen, Gold, von der Sonnenstrahlung abhängig, die Hauptrolle übernehmen. Der Einfluss des Lichtes ist für ihn entscheidend. Sogar Blautöne muss die Sonne aufleuchten lassen und das Gold in der Tiefe des Stroms. Bei starker Beleuchtung gewinnen die Farben an Intensität, Lichtstreuung sucht er zu nützen, die Ausbreitungsrichtung des Lichtes ständig zu verändern. Das Morgenrot hat er bereits mit der Kamera eingefangen, und er überlegt, wie er sein Medium einsetzen kann, wie sich das Licht durch dieses Medium zwingen lässt. Nebel soll auch eine Rolle spielen, wenn Woglinde, Wellgunde und Floßhilde auftreten, Nebelschwaden, Dunst, Dampf und Gewölk, wenn Alberich aus dem Abgrund emporsteigt. Aber es müssen auch verschiedene Ebenen aus Licht entstehen, indem er mit Abstufungen experimentiert.

„Synästhetisch?", fragt Margret. Wenn sie mit Martin über seinen Inszenierungsversuch spricht, denkt sie unwillkürlich an Josefs Gemälde im Pferdestall-Museum, denn in seinem Bild scheinen sich Sinneseindrücke zu vermischen. Seine Farben tönen. Der Betrachter hört, was er nur in Farben sehen kann. Der Maler hört längst, was er sieht, sieht in seinen Bildern, was er hört, wenn es um diese Klänge geht, denn er hat eine Szene aus dem „Rheingold" mit dem Pinsel festgehalten. Martin genügt die Partitur, wenn er filmt. Erst zu Hause lässt er die Klänge aus seiner CD ertönen. Verschiedene Ebenen sollen aus Licht durch Abstufung der Gegenstände, Körperteile entstehen. Auf dem Wasser tanzende Lichtreflexe und die Welt Alberichs in den Tiefen des Stroms klingen in seinen Ohren, bevor er filmt. Farben geraten in Schattenzonen. Nicht immer ergibt sich die farblich-musikalische Harmonie, die richtige Verbindung von Farbton und Klangcharakter. Martin bemüht sich, die Farbe der Bilder der Musik anzupassen. Er liebt diese Musik, aber es schafft nicht selten Probleme, Lichtreflexe, überhaupt die Lichtwirkung angemessen zu nutzen. Die Sättigung der Farbe soll mit dem Klangvolumen übereinstimmen. Er bringt ruheloses Rot mit Albert, der der Liebe entsagen muss, in Verbindung. Goldtöne leuchten aus der Tiefe. „Unschärfe vielleicht", schlägt Margret vor, und er versucht die Ränder der Bilder verschwimmen zu lassen. Die Methode verfremdet, sie lässt eine mystische Welt entstehen. Die mit Lichtreflexen verbundenen Farben bewegen sich, tanzen mit den Rheintöchtern. Farben scheinen auf der Bildfläche zu schweben, zu schwimmen. Nicht immer gelingt es, die Atmosphäre nach seinem Willen zu beeinflussen. Sie hängt von der Sonneneinstrahlung ab. Wellenberge entstehen unter Wasser, entfernen sich oder kommen Alberich entgegen.

Martin denkt an Robert und Margret und lässt Woglinde und Wellgunde vor dem Machtanspruch der Liebe fliehen. Margret aber beeinflusst Josef statt Robert. Er hält sich nicht an Reinhards Ratschläge, reitet, züchtet und malt, lebt mit seiner alten Haushälterin, die er seit der Kindheit kennt, allein.

Martin überlegt seit Tagen, wie er Glanzlichter auf der Haut der Nixen entstehen lassen kann. Gundel stellt sich lachend zur Verfügung. Er dreht und wendet sich mit der Kamera, streut das Licht, versucht es mit dem tanzenden Licht auf der Wasseroberfläche. Gundels farbiger Badeanzug wie farbige Tücher zeigen die Veränderung der Farben im Licht. Die Idee der Stilisierung bringt die Frau ein. Gundel soll probeweise Vorbild sein. „Alles Unwesentliche, Zufällige bleibt weg", betont er. Es geht um Vereinfachung, Verkürzung. Martin stöhnt. In der Tiefe brodelt es. Er hat das Loch endlich entdeckt. Oder fließt dort Wasser in den Strom? Es bilden sich Kreise, immer mehr Kreise, dann Gundel, stilisiert, kaum erkennbar, von Lichtreflexen abgelöst. Die Rheintöchter tanzen. Durch den Einfluss des Lichts entstehen Schattenzonen. Licht ist es, das die Farbe verändert, die Atmosphäre beeinflusst. Es tanzt durch die Wellen. Martin lässt das Wasser im Bild fließen, seine Geschöpfe tanzen und flimmern, das Gold in der Tiefe strahlen. Er arbeitet mit getrübten und stumpfen Farben, mit leuchtendem Rot, Himmelsblau. Alberich verträgt aktive, aggressive Farben und Rot, das Symbol der Liebe, wie er sie versteht. Er spielt mit ihr, verspielt und verliert sie.

Gundel verliert die Geduld, gähnt und streckt sich in die Sonne. Sie übersieht das funkelnde Gold in der Tiefe. „Synästhetisch", sagt er, und bezieht sich auf die Wirkung. „Ich muss hören, was ich sehe und sehen, wenn ich die Szene auf Band höre." Gundel ist beschäftigt. Sie kleidet sich gerade an. Die Bilder lösen am Abend nur in Martins Ohren die erwarteten Klänge aus. Die Frau hört die Musik nur, wenn die CD abläuft, und diese Unfähigkeit, gleichzeitig zu hören und zu sehen, ärgert Martin.

Am Abend sitzt er, den Kopf in den Händen, lange in seinen Gedanken versunken da. Er wird mit Objektiven experimentieren. Verschiedene Medien will er einsetzen, während Gundel selbst die

Lichtexperimente infrage stellt. „Hm, hm." Spöttisch zieht sie ihren Blick durch sein Gesicht. „Vielleicht hörst du die Wellgunde auch, wenn ich singe?" Sie zweifelt, wie so oft, an seinem Verstand.

Gundi nimmt ihren Ehemann nicht mehr ernst, seit er diesen Film dreht. Martin fühlt sich unverstanden und stürzt sich in die Arbeit, verlässt nach Dienstschluss sofort das Haus. Sie sind es gewöhnt, sehr spät zu Abend zu essen.

Gundi spielt heimlich im Lotto, gewinnt gelegentlich kleine Beträge, spendet Blut, verkauft ihre Leiche und versucht mit allen Mitteln zu mehr und immer mehr Geld zu kommen, obwohl die Doppelverdiener bereits ein „Sümmchen", wie er sagt, ersparten. Die beiden Wohnungen sind längst bezogen und eingerichtet. Ihre Geldgier kritisiert sogar der Schwiegersohn.

Martin trifft bei einem Spaziergang am Stromufer eine Frau in sehr sparsamer Badebekleidung. Sie liegt in der Sonne. Zuerst glaubt er, die Phantasie spiegle ihm etwas vor. Im grellen Licht der Nachmittagssonne leuchtet es goldgelb auf, als käme das Leuchten aus dem Wasser. Er lässt seinen Blick über die Gestalt der Frau gleiten, ist in diesem Augenblick entschlossen, die Nixe den Lichtreflexen vorzuziehen. Das Sonnenlicht ist so intensiv, dass sich die Silhouetten der Gegenstände farbig abzeichnen, Sonnenbrille und Hut. Er schwankt, ob er Zitronengelb oder Senfgelb in seinem Film erwartet. Es sind mehr oder weniger zarte Töne im Gelb, die an Goldgelb persische Miniaturen erinnern. Ohne um Erlaubnis zu fragen, richtet er seine Kamera auf die Frau, dreht und wendet sich mit ihr, erreicht den Moment des Leuchtens. Sie reagiert nicht empört, wie er es erwartet hat, sondern lacht: „Wollen Sie mich in einem Film vorführen?" Martin erklärt seine Absicht und findet eine verständnisvolle Zuhörerin. Woglinde, denkt er. Sie würde Wellgunde überstimmen. „Mit uns will er spielen? Lass ihn uns kennen", hört er sie singen. „Kauz!" Das kann nur Gundel sein, denkt er, und die Fremde fragt, ob er nicht die Frau mitbringen wolle. Ja, Martin ist sofort bereit, mitzuspielen, sich Alberichs Rolle anzuprobieren.

„Unsinn", sagt Gundel zu Hause. „Du willst doch nur mit Lichtreflexen arbeiten, aber Gundel geht am Sonntag tatsächlich mit ihm, obwohl sie es nicht beabsichtigt.

Die Kamera darf schließlich Gundel und Doris, so heißt die Fremde, im Zweiteiler in Wellgunde und Woglinde verwandeln, die durch einen technischen Trick nicht wie in der Realität am Ufer, sondern im Wasser zu tanzen scheinen. Doris, Woglinde amüsiert sich über Martins Filmexperimente und geht auf jeden Spaß ein, bis Gundel zum Aufbruch drängt. „Wie kleine Kinder!", murrt sie und sieht den Ehemann von der Seite lange an, als hätte sie ihn nie vorher gesehen Der kann seine Begeisterung für Woglinde kaum verbergen. Es dauert lange, bis seine Freude eine Stimme findet. „Wie du siehst, gibt es auch Menschen, die Verständnis für die Aktivitäten anderer zeigen". Gundel begnügt sich mit einem sehr langen „Hmmmm", wobei sich ihr Blick prüfend durch seine Gesichtslandschaft windet.

In den folgenden Tagen trifft der Hobby-Regisseur immer an der gleichen Stelle auf die Nixe in der goldschimmernden Badebekleidung. Er filmt Woglinde und sie passt ihre Bewegungen seinen Wünschen an. Er probiert sich die Rolle Alberichs an und versucht sie tänzerisch einzufangen. Die bekannten Klänge liefert die CD. Eigentlich hört er sie auch ohne Hilfe der CD, wenn er filmt, aber er will Doris die „Rheingold"-Klänge in Verbindung mit dem Film nahebringen. Doris bemüht sich später, „Rheingold" auf Schallplatte oder CD zu erwerben. Sie begeistert sich für Martins Filmabsicht und spielt mit, ohne zu ahnen, wie ernst es ihm ist, zu viel Geld, einem „Goldschatz" zu kommen. „Mit goldener Faust ... fang ich mir alle", lässt er Alberich singen. Die Streicher pausieren. Nur Hörner begleiten ihn. Die Macht, die ihm der Schatz bieten würde, wird ihm bewusst. Er schweigt, aber in der Phantasie vertauscht er Wellgunde mit Woglinde. Am Heimweg überlegt er, was ihn mit seiner Frau verbindet. „Die Gier", sagt er leise. „Die Gier nach dem Gold", aber er sieht sich als Opfer eines aggressiven

Wirtschaftsliberalismus. Margret ironisiert seine Haltung, spielt auf die Macht des Geldes an: „Willst du wieder einen Schatz heben, um einer Frau zu imponieren?", und Martin antwortet tatsächlich wieder: „Mit goldener Faust – fang ich mir alle." Er denkt aber an Gundel und Woglinde in Doris.

IV. Der Fluch des Ringes

Margret hat längst begriffen, wie es um Martins Ehe steht. Würde ihn nicht der Ring binden, könnte er sich für eine Frau entscheiden, die zu ihm passt, denkt sie. Aber sie erkennt auch, dass Gundel innerhalb der Ehe die Macht an sich reißt. Auch sie akzeptiert nicht, dass er seine Aktivitäten nur seiner Begabung, seinen Interessen anpasst. Jeder kritisiert den Anderen.

Gelegentlich stellt auch Margret ihr Vorgehen infrage. Viele Wochen vergehen, ohne dass sie oder Robert auf den Ring anspielen, ihn erwähnen. Robert lässt sich selten auf eine Diskussion darüber ein. Beide behaupten, an Zeitmangel zu leiden. Als es eines Abends läutet, ein Mann vor der Türe steht, denkt Margret an Robert, zögert. Sie fixiert die Armbanduhr. Schweißtropfen bilden sich auf der Stirne, bis sie sich endlich entschließt zu öffnen. Erstaunt und zugleich erleichtert sieht sie einen fremden Mann vor sich stehen. Er scheint eine Schmuckfirma zu vertreten und bietet ihr Ringe an. Margrets Verwirrung wächst. Obwohl sie sofort abwinkt, zögert er, sich zu verabschieden. Sie demonstriert ihm Desinteresse an Ringen, und er erwidert: „Diese Chance, gnädige Frau, wird Ihnen niemand mehr bieten." Dann geht er. Margret wehrt sich den ganzen Abend vergeblich gegen eine Leerstelle in ihrem Denken und Fühlen. Sie sieht sie funkeln, die Ringe in allen Größen und Variationen. „Bestes Gold", sagt seine Stimme stimmlos. Hat Robert oder nur der Ring seine Strahlkraft verloren? Sie zieht die Brauen hoch, geht nervös im Raum hin und her, zum Fenster, von dort zur Türe und zurück. Ja, seine Abwesenheit hinterlässt eine Leerstelle in ihrem Fühlen und Denken, aber sie kann sie nicht füllen. Robert ist souverän, ohne eitel oder hochmütig zu sein. Ihre Interessen begegnen sich oft. Das kann sie nicht leugnen. Sein bestimmtes Auftreten ist Ergebnis seiner Reife, seines Könnens und seiner Bildung.

Dass er ihren Wünschen nicht im Wege stehen würde, glaubt sie zu wissen, aber sein Bild von der Frau, seinem Idealbild Frau entspricht sie nicht. Die Erzählungen beweisen es. Es sind Frauen, die nur für die Familie leben, keine weiteren Ziele verfolgen. Vielleicht unterstellt sie ihm auch eine Haltung, aber Robert sieht in jedem Buch, jedem Gemälde eine Ware. Dass schöpferisches Tun eigentlich eine Art zu atmen sein kann, versteht er, wie Margret glaubt, nicht. Dass sie unwillkürlich bei dem Begriff Liebe an „Rheingold" und an Martins Film denkt, liegt an ihrer Interpretation. Der Liebe muss entsagen, der sie mit Machtanspruch und Triebhaftigkeit verbindet, weil es nicht um das beste Gold, sondern um „reines Gold" geht. „Rettungslos dunklem Verderben weiht dich sein Gewinn." Jede Orchesterbegleitung fehlt. Erdas Warnung vor dem Ring klingt hohl, schaurig in ihren Ohren. Margret streckt sich. Ich bin eben, wie ich bin, denkt sie. Nie würde es ihm gelingen, mich zu beeinflussen, mein Wesen zu verändern. „Vielleicht will er es auch nicht", sagt sie leise vor sich hin. Aber mit dem Wort „Ring" verbinden sich, seit sie mit Martins Film „Rheingold" konfrontiert ist, Macht. Zweifel nagen an ihr. Machtergreifung bedeutet Liebesverlust, und Einschränkung der individuellen Freiheit. Neben Studium und Beruf empfindet sie schöpferisches Tun als Erholung, eine Art Sauna. Wo sich Freiheit in Unfreiheit verwandelt, wird die Ehe zum existentiellen Problem. Sie kam zu überraschend, diese Entscheidung, dass sie den Ring als Überfall empfand, sich wie die Rheintöchter entzog. Margret erschrickt über die eigenen Gedanken. Sie liebt Robert, will ihn als Freund nicht verlieren, aber sie fühlt sich, trotz ihrer 28 Jahre, noch nicht reif für eine Bindung. Ihre Berufsausbildung ist längst abgeschlossen, die Promotion in wenigen Wochen, aber sie freut sich über die Zeit, die bleibt für schöpferisches Tun neben dem Beruf, ob sie schreibt oder malt.

Ihr Schuh hängt plötzlich. Ein Busch wilder Kamillen grinst sie an. Über ihr fällt das Licht streifig durch die Wolken. Früher, denkt sie, führte der Mann die Oberherrschaft in der Familie. Die

Erfahrung der Großmutter erscheint ihr unerträglich. Aber heute doch nicht mehr, redet sie sich ein. Wie paradox dass sie den Ring, um den es geht, mit dem des Alberich vergleicht, als hätte Robert durch seinen Machtanspruch der Liebe entsagt, als würde sie sich entziehen, weil sie ihn einer „reinen" Liebe nicht für fähig hält. Wie paradox! Margret denkt an Martin. Er, ja Martin hält sich für ein Opfer des Wirtschaftsliberalismus. Er würde gerne einen Goldschatz aus der Tiefe heben und sich junge Nixen einfangen, aber Robert doch nicht. Noch nie gab es zwischen ihnen eine Diskussion über Geld, Reichtum, Besitz. Er konnte sich nicht über zu geringe materielle Sicherheit im Beruf beklagen. Sie hält Martin für naiv, aber triebhaft im Gegensatz zu Robert. Er will nicht verstehen, dass „Rheingold" ein Symbol der Lebensenergie sein muss, die es zu heben gilt. Wer der reinen Liebe, frei von Triebhaftigkeit, nicht fähig ist, und Geld- und Machtgier nicht zu besiegen versteht, kann diese Lebensenergie nicht erlangen. Margret hält sie für die Botschaft der „Rheintöchter". Gott ist die Lebensenergie, die alles durchströmt, der Mensch, sein Geschöpf, muss sie auslösen, seine Batterie aufladen, denn die Energie befähigt ihn zu allen seinen Aktivitäten. Sie macht seine Existenzfähigkeit aus. Josef, ja, Josef wird es verstehen. Ihre Gedanken sammeln sich bei ihrem Roman. Auch Agnes wird sie mit einbeziehen. Sie interessiert sich für Josefs, nicht für Reinhards Erfolg.

Was Margrets Gedankengang immer wieder stört, ist eine Entdeckung Heinis nach einer Klassenfahrt, die er der „Oma Welli" berichtet, wie er Gundel nennt, seit Martin seine Frau im Spaß in Wellgunde umbenennt. Heini erzählt also Oma Welli von Roberts Nachtspaziergang mit seiner Assistentin. Den Kopf etwas nach unten geneigt, die Brauen hochgezogen, wirft sie Margret einen vielsagenden Blick zu, der so viel stimmlose Ironie verschüttet, dass sie zuerst erschrickt, dann aber scheinbar gelassen fragt: „Du meinst dass sie ihn tröstet?" Worauf Martin einen lautstarken Lacher ausstößt.

Später auf dem Weg zu Tante Emma überfallen Margret Fragen, wie: „Was will ich eigentlich?"

Ich unterstelle ihm die Absicht, mich in sein Idealbild Frau verwandeln zu wollen, und ziehe keine Konsequenzen, beschuldigt sich Margret. Es gibt weit mehr Dimensionen des Lebens. Warum mute ich ihm Wartezeiten zu, statt eine Aussprache herbeizuführen, die ich fürchte. Feigling!, beschimpft sie sich in Gedanken. Sie glaubt selbst der Liebe entsagt zu haben, Emotionen mit ihrer jugendlichen Egozentrik abzutöten. Die Schuld an dem vermuteten Seitensprung Roberts verbucht sie auf dem eigenen Konto, denn „Oma Wellis" Enkel weiß auch, dass „Opa Albi", wie ihn die Ehefrau im Gegenzug tauft, oft die andere „Nixe" besucht, die in Minibekleidung am Rheinufer in der Sonne liegt, wenn er kommt. Gundel nimmt es mit spöttischem Blick zur Kenntnis, übt sich meist sogar im Weghören, da sie die „Nixe" persönlich kennt. Dazu kommt, dass sich Martin mit seinen wertlosen Funden, Ring und Brosche, bei seinem Tauchgang mit dem U-Boot das Wort „verrückt" einbrachte. Heini plaudert zum Ärger der Großeltern und Eltern manchmal in der Schule über „Oma Welli" und „Opa Albi" und bringt Lehrer wie Schüler zum Lachen.

Margret aber hat sich einen Traum eingefangen und ist unsanft in der Realität erwacht. Das Glück gehört dem, der den „goldenen Apfel" fängt. Dass sie ahnungslos vom Anfang ihrer Beziehung diesem Ende zusteuerte, erkennt sie erst jetzt. Wie naiv!, denkt sie. Auch Robert will das „beste", aber nicht das „reine Gold" besitzen.

Fragen umkreisen sie. Ließ sie sich von seinen bühnenreifen Auftritten täuschen? Von seinem rhetorischen Geschick? Aber Margret wäre nicht Margret, wenn deshalb ihre Welt die Mitte verlieren würde. Sie schüttelt lange den Kopf, ohne zu wissen, ob diese Verneinung ihrer Erkenntnis oder ihrem Zweifel gilt. Der Ring, ja der Ring, denkt sie ins Atemlose, der „Fluch des Ringes". Sie bleibt kurz stehen, schaut starr geradeaus und zielt mit schnellen Schritten auf Tante Emmas „Laden" zu. So nennen alle Kunden das so beliebte kleine Geschäft.

Die Besitzerin ist trotz der vielen Kunden, ihrer Arbeit, noch in Hochstimmung. Über die Erfolge des Bruders spricht sie gerade mit einer Kundin.

Er hat sich an „Jugend forscht" beteiligt und schon einen Erfolg zu verbuchen. Kleine Preise winken den jungen Forschern. An Tieren werden Mittel zur Verhaltensänderung erprobt. Emma nimmt am Leben des Bruders so intensiv teil, dass sie ihr eigenes vergisst. Da ihr ein Unfall eine Fußverletzung einbrachte, fällt ihr das Gehen und Stehen schwer. „Jetzt kann er mir ja bald selbst etwas verschreiben, mich behandeln", sagt sie und meint den Studenten. Trotzdem kommt Emma ihren Pflichten nach und gönnt sich keine Ruhe. Ihr Bericht über ihn löst bei den Kundinnen Nuancen der Heiterkeit aus, vom amüsierten Schmunzeln, über ironisches Lächeln, Spötteleien bis zur echten Teilnahme. Dass Emma nach Margrets Heiratstermin fragen könnte, darauf ist die Betroffene nicht gefasst. Sie begnügt sich mit einem Satz: „So weit sind wir noch nicht." Die Ladenbesitzerin lobt schließlich ihren Fleiß, weil sie so lange neben ihrem Beruf studierte und promovierte, ohne den Eltern Geld abzuverlangen. Sie versteht, dass eine zusätzliche Familiengründung eine Überforderung darstellen würde. Eine andere Kundin ärgert sich über die Eile der eigenen Tochter, die sich verlobte, ohne das Studium abgeschlossen zu haben. Auch andere melden sich zu Wort, klagen über verfrühte Enkelkinder. Eine Stimme entfacht die andere. Margret hat es eilig, will unangenehmen Fragen entgehen. Sie sieht in der Phantasie Robert mit seiner Assistentin im Arm vor sich. Außerdem verursacht Emmas Leben und Handeln immer ihre Gewissensbisse. Margret grüßt und stößt in der geöffneten Ladentüre fast mit Leila zusammen. Sie hat sie sofort erkannt, ihr Wohnwagen steht gerade wieder auf dem Zirkusplatz. „Wie schön, dass du da bist", begrüßt sie Margret. Das Du entschlüpft mit einer solchen Selbstverständlichkeit ihren Lippen, dass sie Margret erstaunt ansieht. Leila fällt ihr spontan in den Arm, dass ihre schwarzen langen Haare ihr Gesicht peitschen. „Wie schön!", wiederholt sie leidenschaftlich. „Bist du ihm tatsächlich entkommen?" Sie fragt, als wüsste sie es bereits. „Du passt doch nicht zu einem Mann, der seine Bildung und sein Ansehen wie einen Sonntagshut trägt." Margret, unangenehm berührt, stuft ihr Problem zwar multikausal ein, würde aber nie mit anderen darüber sprechen. Das Wort „entkommen" setzt ihr später tagelang zu. Nicht selten geht sie auf Zehenspitzen in Gedanken durch Roberts Denkweise und Einstellung hindurch, versucht Möglichkeiten seiner Absicht zu erkunden, um Leila zu widerlegen, findet sie keine Worte. Sie weiß, dass es für sie nie einen anderen Mann geben wird, aber das Problem ihrer unterschiedlichen Vorstellungen vom Begriff „Liebe" wächst sich zum Monster aus, verunsichert sie, und Leilas kurzer Auftritt trägt dazu bei. Sie hat ja Recht, ich bin keine Rheintochter, denkt sie ärgerlich. Leila reicht ihr ein Programm, dass ihr zum zweiten Male die langen schwarzen Haare um das Gesicht wehen, denn ohne Umarmung kommt die kleine Zigeunerin nicht aus. „Dann, bis Sonntag 14 Uhr", sagt sie. „Ich trete mit Mini, meiner Katze auf, wir tanzen." Margret lacht. Der Zugvogel. Wie beneidenswert! Der Satz schießt unkontrolliert durch ihre Gedanken. Laut sagt sie nur: „Danke. Ich werde kommen! Viel Erfolg!" Leila winkt und betritt das Geschäft, das Margret gerade verlässt. Vom Argwohn angenagt, dass sich Robert tatsächlich von seiner älteren Assistentin über Wartezeiten hinwegtrösten lässt, gibt sie im Geheimen Leilas Vorstellung recht. In einem Korsett würde sie ersticken. Sie sieht sich bereits in ihrer selbstgeschaffenen Welt vor Anker gehen und schämt sich gleichzeitig, wenn sie Tante Emmas Stimme hört. Ist es vielleicht die Stimme der Erinnerung, die der Strom, den sie nur aus der Ferne erahnt, in ihr Bewusstsein spült, oder sind es die goldenen Ränder des Abendrots, das die Farbe einbringt, die sie mit bestimmten Klängen verbindet, seit Martin „Rheingold" zu inszenieren versucht? Sie verleiten sie immer wieder, ihre Blicke in Stromrichtung auszuschicken. Dort nämlich stellt sie sich Leilas Tanz vor, Leila, die kleine Zigeunerin, mitten unter den Rheintöchtern.

Bevor sie die Vorstellung am Zirkusplatz besucht, muss sie einen stillen Kampf mit den Eltern bestehen. Die Mutter wirft ihr vor, mit ihren Büchern verheiratet zu sein und nicht zu wissen, was sie eigentlich will. Nur ihr stiller Verdacht steht ihr zu ihrer Verteidigung zur Verfügung. Sie glaubt, dass ein Mann, dem Wartezeiten auferlegt werden, versuchen wird, die Frau, um die es geht, eifersüchtig zu machen. Wie versprochen, besucht sie am Sonntagnachmittag die Vorstellung. Margret kennt Leilas Art zu tanzen. Das Tanzspiel mit der Katze Mini passt in ihre Vorstellung. Zwischen zwei Stangen ist ein Seil gespannt, und Mini tanzt Leila entgegen und wieder zurück, als handle es sich um eine Vorform des Tanzes, um eine Bewegungsfolge besonderer Art. Es ist eine Abfolge linearer Bewegungseinheiten, wobei eine Bewegungseinheit aufgebrochen wird, damit eine Störung entsteht und an der offenen Stelle etwas hineingeschoben werden kann, nämlich der Tanz der Katze. Man könnte Leilas Tanz für den eines Schamanen mit einem Geist halten. Die Tänzerin dreht sich um sich selbst. Die Katze springt auf sie zu. Es ist der Reiz des Befremdlichen, der beeindruckt. Dann springt Leila ab, und die Katze mit ihr. Margrets Blick folgt ihr. „Ja, loslassen, abspringen und fliegen", sagt sie später auch zu Martin, der mit Heini die Vorführung besucht hat. Der lacht, rät zur Vorsicht und warnt vor dem Absturz. Die Reiterin Susa, die die Hohe Schule der Reitkunst präsentierte, reitet gerade zum Stall. Margret wird sich noch eine Zeit lang mit ihr auseinandersetzen. Josef soll von ihr lernen. Es ist Margrets Idee, mit Martin und Enkel Heini zu den Pferden zu gehen. Zuerst aber folgen sie Leilas Tanz am Boden nach dem Absprung. Leila und Mini tanzen am Boden, bilden Schleifen in Laufrichtung mit betontem und unbetontem Fuß. Mit der Laufrichtung wechselt die Betonung. Ungerade Rhythmen lösen den gleichmäßigen Wechsel ab. Vom Rhythmus der Musik beherrscht, tanzt sie weiter, gleitet immer schneller in einen unerwarteten Zigeunerrhythmus volksliedhafter Melodik über.

Margret hätte Leila gerne eingeladen, aber am nächsten Tag ist der Aufbruch festgesetzt, und es bleibt keine Zeit. „Loslassen und fliegen, herrlich!" Leila begreift Margrets Satz sofort. „Wir kommen bald wieder", tröstet Leila. „Dann fährst du einfach mit uns. Lass dich nicht einfangen", und diese Mahnung von Leilas Lippen ist sehr ernst gemeint.

Dass bei dem Wort „einfangen" in Margrets Gedanken die Rheintöchter singen und Alberichs Tenor ertönt, wundert nicht einmal Martin. Martin steht etwas unschlüssig, während Heini einen Hund beobachtet, der an einem Grashalm herumkaut. „Wo wohnt sie eigentlich?", fragt er, Roberts Assistentin meint er. Margret weiß es nicht. Ihr Blick schweift weit aus: „Erst abspringen, dann fliegen!", sagt Martin. Sie weiß, dass auch er wie seine Frau ihre Methode, einfach zu schweigen, kritisiert. Ihre Frage aber bezieht sich auf die „Rheintöchter". „In welcher Pose filmst du sie eigentlich?" Er zuckt heftig mit der Schulter. „Und Alberich?" Ohne es zu wollen, unterstellt sie auch Robert eine bestimmte Absicht. Sie setzen sich langsam in Bewegung. Susas Pferd möchten sie aus der Nähe sehen. Die Pferde erinnern Margret an Josefs Pferdestall, an seine Aufzucht. Große, hoch angebrachte Fenster erhellen den Stall, den man durch eine Schiebetür betritt. In Gedanken überträgt Margret die Gegebenheiten auf Josefs Ställe. Sie legt großen Wert auf sachliche Stimmigkeit, auf Fachwissen. Die Boxen sind so geräumig, dass sich die Pferde nach einem anstrengenden Rennen auch hinlegen und strecken können. Warm, weich, bequem will sie auch Josefs Ställe dem Leser vorstellen. In der Futterkrippe liegt nicht nur Halmfutter, auch vitaminhaltige Futtermittel fehlen nicht: Knollen, Wurzeln, Rüben, sogar Kartoffeln. Sie prüft Halfter und Lederriemen. Martin weiß von ihrer Roman-Absicht. Heini amüsiert das Weben der Pferde. Es wirkt ermüdend, aber er hält es für ein Tanzen.

Dass Martin täglich seine Woglinde am Rheinufer aufsucht, ist ihr bekannt. Deshalb fragt sie: „Hast du am Abend wieder einen Besuch der Rheintochter vor?" Er nickt. Sie verabschieden sich und fahren in verschiedene Richtungen. Margret fährt an Roberts Wohnung vorbei, aber sie definiert nur in Gedanken: Begierde will Besitz ergreifen, das Objekt an sich reißen. Liebe aber ist ein Spannungszustand, bedeutet sich hingezogen fühlen, ohne den Anderen in seinem So-Sein zu zerstören. Sie ist für die Botschaft der Rheintöchter dankbar, während Martin mit seinem Film seine Freizeit zu Gold verspinnen möchte.

Margret setzt ihre Erfahrungen und Probleme in Worte um und fällt nicht aus ihrer Welt. Ein Erinnerungsfetzen aus der Kindheit mit einer Girlande aus „schönen Wörtern" liegt noch in ihrem Gedächtnis herum. Eine Zigeunerin war es nicht, die sie zur Herstellung verleitete, aber ein Clown, der jedes zweite Jahr unter dem Fenster am Zirkusplatz in ihrer Geburtsstadt gastierte. Wie Leila wohnte er in einem geräumigen Wagen. „Er ist unser Freund", begründete Margret der Mutter gegenüber ihre häufigen Besuche während der Spielzeit in den Büschen oberhalb des großen Platzes. Die Wortgirlande aus „schönen Wörtern", zu denen Hexe, Zwerg, Clown, Pyramide und viele klangschöne Wörter zählten, begleitete ihre Leseübungen. Der „große Bruder", ein Vetter bot sie an. Die Girlande zierte ihren Hausaufgabenplatz. Später bestand ihre schöpferische Arbeit in der Veränderung und völligen Neufassung der bekannten Märchen, die ihr die Tante erzählte und ihr der Neufassung wegen ein sehr „schlechtes Gedächtnis" bescheinigte, da sie die exakte Wiedergabe erwartete. Margret seufzt. Schon damals ärgerte ihr Umgang mit dem Wort ihre Umgebung, „Und jetzt auch noch Robert", sagt sie laut, parkt vor dem Haus und steigt aus. Sie streckt sich, atmet tief durch und hält den Kopf trotz des Nieselregens mit Haut und Haaren unter den Himmel. Über ihr stürzt ein Vogel im Abflug, fängt sich wieder und hebt sich neben einer Wolke ins Blau. „Loslassen, abspringen und fliegen", wiederholt sie stimmlos. Ihr Blick folgt dem Vogel, den der Wind hebt und trägt. Eine Windschleife verwirrt ihr Haar.

Zuhause öffnet sie das Fenster weit. Die Schreibtischlade steht offen. Einzelne Blätter segeln zu Boden, darunter der unbeantwortete Brief. Er prozessiert immer noch mit ihrem Traum. Ein Luftzug hat ihn freigesetzt. „Der Fluch des Rings". Der Satz gewinnt keine Stimme. Das tiefe Schweigen zwischen ihnen deutet auf eine unlösbare Verstrickung hin. Aber der Überfall führte zu einer bis zum Fieber gesteigerten Dauererregung, weil sie daran zweifelt, dass das „beste Gold" „reines Gold" ist. Ein Akkord strebt vergeblich nach Auflösung. Durch Martins Film angeregt, haben sich die „Rheingold"-Klänge auch in ihrem Ohr mit den Silben zusammen eingenistet, und sie saugt Klang um Klang in sich hinein. Die Botschaft der „Rheintöchter" ist längst angekommen. Als würde eine Girlande aus Klängen sich mit der neuen Wortsammlung verbünden, um ihren Schreibtisch winden. „Walala-walala-Lalaleia-Leialalei-heiheia-haha-". Das Streichorchester bleibt am Rande ihres Gehörs und Alberichs „Glut mir brennt – glüht Wut und Minne" verbindet sich mit Martin; den Gedanken an Robert wehrt sie entsetzt ab, wischt die langsam aufsteigende Unterstellung energisch von der Stirne und steht auf, lässt die Arme schlaff an ihr herunterfallen. Sagte nicht jemand: „Trau keinem Gedanken im Sitzen?" „Fliegen, aber erst abspringen, loslassen, ja sie hat recht", Margret meint Leila. Fluggefühle in ruhiger Luft, Windverhältnisse mit 260 und drei Knoten. Ein wolkenloser Himmel in einer Höhe von 3000 Fuß, exakt geplant, aber weg vom Boden. Als erwache sie, geht sie in die Küche und wieder zurück, zieht im Arbeitszimmer ein Lexikon aus einem der Bücherregale.

Einfach wegschauen, rät sie sich, aber das käme auch einem Verdrängen der eigenen Schuld gleich. Ein Instrument singt und weint in ihrem Ohr, stellt aber jedem Pathos ein Bein. Ratlosigkeit überwältigt sie fast. Die Gedanken überstürzen sich. Sie glaubt Robert zu unterstellen, was Martin betrifft. Der verfällt tatsächlich der Leidenschaft für die affektgeladene Goldfarbe des Minizweiteilers seiner Woglinde, die im Kontrast zu braungebrannter Haut steht, wenn er sich auch einredet, Erfahrungen für seinen Film zu sammeln.

Er beherrscht nicht einmal seine Finger, lässt zu, was ihm der gute Geschmack verbieten würde. Woglinde nimmt es mit schelmischem Lächeln hin. Zwischen den Wellen hin wegzutauchen, würde auch der reißende Strom verhindern. Um seinen Mangel an Beherrschung zu rechtfertigen, greift er zu seiner Kamera, lässt aber bald sein Wort- und Notenland wieder unbeackert im Stich. Woglinde beschäftigt seine Sinne. Gleitet sein Blick über ihren Körper hinweg, wehrt er sich vergeblich gegen arrhythmische Zuckungen. „Martin, aber Robert doch nicht!", wehrt sich Margret erbittert. Dann schlägt sie das Lexikon auf.

„Los" hängt mit „lösen" zusammen, „loslassen" bezieht sich auf etwas Falsches, Verworfenes, und „fliegen" wurde als eine Art Fliehen verstanden, denn wer fliegt, befindet sich auf der Flucht. Wenn Margret „Loslassen" denkt, sieht sie unwillkürlich einen Fallschirm vor sich, der sich gerade öffnet. Ein fremder Ton liegt auf ihrer Zunge, sobald Robert auf ihre Lippen gerät. Als hätte sich eine Türe zur Verständigung geschlossen, als wäre das unausgesprochene Wort zwischen ihnen hängen geblieben, so erscheint ihr plötzlich ihre Beziehung zu Robert, ihrem geliebten Freund.

Gundel kommt fast gleichzeitig mit Martin an. Von Emmas Schützling hat sie es gerade erfahren, dass Experimente zur Manipulation von Haut- und Gewebszellen erfolgreich verliefen. Alle Zellstrukturen lassen sich aus ihnen entwickeln. So entsteht nach Aussagen der Wissenschaftler ein Embryo aus einem Individuum. Ein neuer Mensch wird mithilfe biochemischer Prozesse, Eingriffe hergestellt. Die Frau kann ohne die Hilfe eines Partners und der Mann ohne Hilfe der Frau sich fortpflanzen, und diese neue Klonmethode soll gerade erprobt werden. Gundel hat auch erfahren, dass sich Sehgeschädigte die aus körpereigenen Hautzellen gezüchteten Transplantate zur Verbesserung der Sehfähigkeit ins Auge einsetzen lassen. „Eine Möglichkeit für jeden Brillenträger", sagt sie und meint den Ehemann, der eine Brille trägt. Für „umwerfende Ergebnisse der Stammzellenerforschung" hält sie diese Möglichkeiten. Mit der Teilnahme, so glaubt sie, könnten sie sich ein Vermögen erwerben. Der Mann begnügt sich zuerst nur mit einem „Hmmmmmm", während Gundel die Gier geradezu aus den Augen schießt, lässt sich Martin schließlich zu einer kargen Bemerkung verleiten: „Die Gesundheit ist nicht mit Gold bezahlbar, wenn es danebengeht." Seit er seine Leiche verkaufte, hält er nicht mehr viel von der Verwertbarkeit des Menschen. Er besucht lieber seine Woglinde im goldleuchtenden Zweiteiler am Ufer in der Sonne und begnügt sich vorerst mit einem Spielchen nach Alberichs Vorbild, mit der Absicht, zu seiner Inszenierung beizutragen.

Dass am nächsten Tag Margret Roberts Assistentin auf dem Heimweg begegnet, ist Zufall. Sie überlegt gerade, ob der Schnitt der Schulaufgabe das Ergebnis einer Überforderung der Schüler sein könnte, als ihr eine geschmackvoll gekleidete Dame entgegenkommt. Im Gegensatz zu Margret, die Jeans und Anorak oder T-Shirt bevorzugt, betonen enganliegende Bluse, langer Rock, der die Figur nachzeichnet, die Körperform der Dame, die sie nur vom Sehen kennt. Sie streckt beim Gehen jeden Fuß mit den hohen Absätzen etwas vor, wippt nach vorne, als wolle sie tanzen. Margret stockt der Atem, ohne zu wissen, warum. Beide bleiben vor einem Obststand stehen, sehen sich um, um eine Obstsorte zu wählen. Die Stille des Mittags lastet wie eine schwere Hand auf Margret. Sie grüßt, die Frau dankt freundlich. Nie hat sie an der Überlegenheit der weit Älteren gezweifelt, aber sie kämpft nicht allein mit der Macht der Intelligenz, der Erfahrung. Die Dame scheint mit den Waffen der Frau zu kämpfen. „Na, alles neben dem Berufsstress geschafft?", fragt sie. Margret nickt. „Ja, endlich." „Die Arbeit in der Oberstufe macht Ihnen sicher mehr Spaß als der Umgang mit den Jüngeren!", betont sie. Ein Schulwechsel steht bevor. Ihre gepflegten Hände mit den roten Nägeln reichen der Verkäuferin einen Geldschein, um die ausgewählte Ware zu bezahlen. Margrets Blick folgt ihnen. Dann schaut die Assistentin auf, möchte wissen, ob Martins Film fertiggestellt ist. Sie hat ihn zufällig bei einem Spaziergang kennengelernt. Auf dem Weg erläutert Margret seine Versuche, Spannungsimpulse in der Musik ins Bild zu bringen. Dass das Gespräch bei seiner etwas angekratzten Beziehung landet, liegt an der Interpretation der Sage. Frau Men verbucht die Schuld auf Martins Konto, da er den leeren Platz in der Sonne, wie sie beobachtet, an Woglinde statt an Wellgunde vergibt. Sie spricht von Alberichs Flatterhaftigkeit und von Perioden wechselnder Temperatur innerhalb seiner Ehe. Die Dame kennt sich aus. „Wir denken eben nicht mehr wie Dante, der der Liebe die Fähigkeit zuordnet, die Gestirne zu bewegen", sagt sie und wendet sich Margret zu, die nicht weiß, ob sie wirklich Gundel und Martin meint. Spinozas „Theorie der Leidenschaften" liegt dem Nibelungenlied sicher näher als die „platonische Lehre", fährt sie fort. Margret sieht die Schuld nicht bei Martin allein und verweist auf seine Filmidee, auf Alberich, der es mit der Treue und Liebe nicht so genau nimmt und Liebe für käuflich hält. Frau Men schüttelt lächelnd den Kopf mit dem frisch gelegten Haar. Sie hält den Mann allgemein für abhängig von körperlichen Beziehungen. Margrets Unsicherheit wächst mit dem Ärger, der der eigenen Person gilt. Außerdem glaubt sie die stille Kritik an ihrer Beziehung zu Robert aus deren Worten zu lesen. Dass Begierde Liebe voraussetzt, dass Liebe nicht mit Wünschen, Begehren identisch ist, darüber sind sie sich zwar einig. Die Dame spricht von einem „Gefühlsakt". Margret betont, dass Liebe das Objekt ohne Abstriche in seiner individuellen Eigenart anerkennen, hinnehmen muss. Beide lachen, aber dann sagt sie, was Margret nicht hören will: „Die Frau sollte den Mann auch körperlich an sich binden." Verwunderlich ist es nicht, dass sie daran zweifelt, dass dieser Satz der Rat einer Rivalin sein könnte. „Aus Liebe entstehen Wünsche, Begierden", betont sie, aber Margret redet von einer „Verengung des Bewusstseins", von einem „Verliebtsein" der Teenager. „Psychische Angina", nennt sie es. Aber sie kann es nicht leugnen, dass der Liebende Vollkommenheit in sein Liebesobjekt hineinprojiziert, sich blenden lässt und dann mit Enttäuschung reagiert. Als hätte sie das Gefühl für die Zeit verloren, bleibt sie fast stehen, schaut die Gesprächspartnerin seitwärts etwas schräg an. Die lacht. „Ein Mann wartet nicht ewig auf die Frau, die er liebt", meint sie. Wie hätte sie verstehen können, dass man mit 28 Jahren das Leben noch als einen Hochseilakt versteht und sich nicht mit Hausfrauen- und Mutterrolle begnügt?

Dass der Mensch nicht nur Summe der Wünsche, Interessen, Ziele, Leidenschaften ist, hat sie bereits gehört, aber aus dem Mund der Assistentin wirkt der Satz wie ein Verweis. „Vernunft ist wichtig, aber nicht alles", erwähnt sie lächelnd und verabschiedet sich. Sie haben den Parkplatz erreicht.

Es dauert lange, bis Martin neue Motive, Impulse in der Musik findet, die er bebildern will. Einen Film zu drehen, Musik zu bebildern, braucht Zeit.

Am Sonntag steht er früh auf. Der Glanz eines Nachtgewitters liegt auf dem Gehsteig. Nach einer flüchtigen Handbewegung in Richtung der Ehefrau verlässt er die Wohnung. Staunen fällt aus Gundels Augen, ihr Mund öffnet sich leicht. „Ach", sagt sie nur, schaut verschlafen auf die Uhr und lässt ihn gehen. Dann verbreitet sich ein Wort auf ihren Lippen, „Verrückt!"

Der Martin den Takt schlägt, nimmt in seinem Ohr Gestalt an. Die ihm in Gedanken begegnet, Margret, die der Verdacht gegen ihren Willen anweht, schlägt seinem Takt entgegen. Ein verwirrender Rhythmus entsteht. Alberich ist es, auf der Jagd nach den „Rheintöchtern".

Die Melodie in Martins Ohr lässt sich nicht zum Schweigen bringen, und er filmt, weil Woglinde an diesem Tag nicht in der Sonne liegt, Lichtreflexe, Lichtwirkungen. Am Abend stellt er Bild und Musik in Verbindung vor. Da Margret, von Gundel eingeladen, sich als Gast einfindet und zur Beurteilung aufgerufen wird, hört sie unter anderem auch Alberichs Problem, das sie für Martins Problem hält, vertont. „Der identifiziert sich", lacht Gundel. Ihr Spott fliegt die Zuschauer mit jedem ihrer Blicke an, wenn der Satz: „Wie in den Gliedern brünstige Glut mir brennt und glüht", von Bratsche und Kontrabass begleitet, ertönt. Robert doch nicht, denkt Margret wieder zwischen dem Zweifel, den die Assistentin zu verstärken wusste, und von der Verteidigung Roberts zerrissen, hält sie trotz der Ratschläge seiner Assistentin, die sie eigentlich vom Verdacht der Rivalität freisprechen will, den Ring für einen Fluch. „Ward es zum runden Reife geschmiedet, hilft es zu höchster Macht." Warum sich diese Töne immer noch in ihrem Ohr halten, kann sie selbst nicht so genau erkennen. Martin, so beschließt sie, besitzt keine Macht über Gundel, deshalb vertauscht er Wellgunde mit Woglinde. Gundel glaubt es zu wissen, dass Robert eines Tages Margret gegen seine Assistentin eintauschen wird, wenn keine Entscheidung fällt. Dass Erdas Mahnung aus der CD ertönt, ist eigentlich nur ein Versehen. Martin hat den Startknopf gedrückt, ohne zurückzuziehen. „Rettungslos dunklem Verderben weiht dich sein Gewinn" „Kommunizierst du mit Erda?", fragt Margret. Als Martin Wotan ins Bild bringt, dem Erda den Ring verweigert, beschließt Margret, Josef die Entscheidung zu überlassen. Er soll an die Liebe als „reines Gold" und an Gott, die alles durchdringende Lebensenergie glauben. Die Ferien wird sie zu einer Reise nützen und loslassen, abspringen, fliegen, bevor es zu spät ist. Sie kann nicht ihrer eigenen Katastrophe entgegen steuern, nicht seinem Glück im Wege stehen.

„Hallo!", sagt eine Kinderstimme mitten in ihre Überlegungen hinein. Die Abenddämmerung lässt Gundel und Enkel Heini fast grau erscheinen, Nebelgeruch liegt in der Luft. Sie hat ihn von der Sportstunde abgeholt. „Sieg", sagt er, wiederholt das Wort immer wieder, immer lauter, als hätte er ein unbekanntes Wort an diesem Tag gelernt. Es nimmt auch kurz darauf in der Wohnung den ganzen Raum ein, der ihm zur Verfügung steht. Das Erlernen der Wörter beginnt beim Säugling, setzt sich bis ins Erwachsenenalter, bis ins Greisenalter fort. Laufend erweitert der Mensch diesen Wortschatz, nachdem er seine Bedeutung für das Leben erkannt hat. Aber dieses Wort „Sieg" gewinnt an diesem Tag eine neue Bedeutung für Heini.

Seine Mannschaft hat im Ballspiel gesiegt, und das bedeutet, dass auch er sich als Sieger fühlen darf. „Ihr habt gewonnen. Das möchte ich auch", stellt Gundel fest und zeigt ihm das Los. Sie hat zwar in der Nacht zu ersticken geglaubt, wachte dem Nervenzusammenbruch nahe auf, aber der Gewinn steht für sie fest. „Durch bleiche Nebel, was blitzen dort feurige Funken?" Aus Martins CD kommt die Anregung.

Wer Gold oder Geld hat, besitzt die Macht, glaubt auch sie zu wissen, und darin ist sich die Familie einig. An ein erfolgreiches Los der Mutter aber glaubt Anna nicht. Die Gier nach Reichtum, Besitz vereint sie. Keiner zittert vor der Bedeutungslosigkeit des Lebens, das auf materiellem Gewinn basiert. Gundels Erwartung prägt ihr Mienenspiel, wenn sie an das Los denkt, und die Ungeduld wächst, Unruhe zittert durch die Gesichtslandschaft bis in die Lippen. Nervosität steigt, bis sie erkennt, dass es ihr nicht gelungen ist, die Geldquelle zum Sprudeln zu bringen. Als man in der Nähe eines Mütterheimes einen Behälter mit abgetriebenen Föten findet, vermutet sie sofort einen großen Gewinn der kosmetischen Industrie. „Babyleichen werden in Zukunft sicher viel einbringen", stellt sie fest. Martin knurrt nur: „Nichts mehr von Leichen!" Es gibt nichts, was sich ihrer Meinung nach nicht verkaufen, in Geld umsetzen ließe. Als die Presse von Demokratien berichtet, die im Bereich der Staatsfinanzen die Kontrolle verloren hätten, fürchtet Gundel allgemein einen finanziellen Kollaps und beschließt, Geld im Ausland sicher anzulegen.

Etwas hat sich in ihr Blickfeld geschoben, etwas hat ihren Blick verstellt, was sogar Tochter Anna entdeckt.

Sie arbeitet wie der Ehemann und überlässt der Mutter die Aufsicht des Sohnes und die Haushaltsführung. Die sagt: „Mehr geht nicht."

„Lädst du diesmal Margret nicht zu deiner Fortsetzung ein?", fragt Gundel Martin. Sie hat es Martin selbst erzählt, dass am schwarzen Brett ein Wochenendseminar angekündigt wurde, ein Seminar eines Professors über die Ausgrabungen in Olympia vor Ort. Robert und seine Assistentin haben sich bereits eingetragen. Auch Margret soll mitkommen. Da das verlängerte Wochenende frei von schulischen Pflichten bleibt und sie sich schon immer für Ausgrabungen interessierte, stimmt sie zu. Roberts Freund gilt als Spezialist für Ausgrabungen in Griechenland.

Die Einführung zeigt, dass es um die ersten Jahre der Ausgrabungen in Olympia geht. Lichtbilder und Führungen sollen die Referate begleiten, die wissenschaftlichen Ergebnisse veranschaulichen.

Im Flugzeug sitzen sie voneinander getrennt, und Margret vertieft sich sofort in die Lektüre, die sie ausgehändigt bekamen. Der Referent beginnt mit naturgegebenen Problemen. Die Spuren der französischen Ausgrabungen 1829 waren gelöscht, von Gebüsch und Bäumen überwachsen. So konnte man das Ausgrabungsfeld um den Tempel herum erst freilegen, als die wildwuchernde Vegetation beseitigt war. Die Franzosen legten schließlich den Boden der Cella frei, und die Außenmauern des Tempels, um den es ging. Margret vertieft sich in das Bild, das ihn zeigt. Der Verfasser der Einführung unterbreitet den Plan der Fachleute und zeigt die ausgegrabenen Tempelmauern. Die Zuhörer sollen miterleben, wie die Fachleute auf die Trümmer des Tempels stießen. Margret kennt sie von einer Studienreise her. Sie fragte sich damals, warum man im Norden nur eine der Säulen aufgedeckt hatte. Darüber berichtet die Einführung nicht. Aber die Großartigkeit des Trümmerfeldes beeindruckt sie noch in der Erinnerung wie der Anblick des Zeustempels, wo sie damals sogar in der Mittagspause verweilte. Sie erinnert sich noch genau daran. Ein Erdbeben muss die Grundmauern gehoben haben, denn gestürzte und zerbrochene Säulen sind dem Bericht nach auch vom Westen und Osten aus zu sehen. Der Verfasser vermutet, dass der Regierung Zeit und Geld fehlte, um die Kolosse wieder aufzustellen, und man fürchtete offensichtlich ein erneutes Verwischen der Spuren. Margret ist bestrebt, ihr Fachwissen aufzufrischen, um später in der Diskussion mit Robert und Frau Men bestehen zu können. Sicher werden sie sich genauer auskennen, vermutet sie. Dass ihr so viel daran liegt, hält sie später für Kinderei, da Frau Men sich über dieses Spezialgebiet überhaupt nicht informierte. Die wiederum lacht über Margrets Ehrgeiz, schreibt ihre Vorbereitung ihren „jungen Jahren" zu. Daher kommt es später, dass nicht einmal Robert weiß, dass das marmorähnliche Aussehen auf den Stucküberzug der Säulen und des Mauerwerkes beruht, und dass sich Margret weit länger mit dem Referenten als mit Robert und Freu Men auseinandersetzt.

Während sich Beide eine Ruhepause, wie die meisten Teilnehmerinnen, gönnen, steigt Margret mit ihm und einer kleinen Gruppe in den Trümmern herum. Sie schauen die Marmorblöcke aus Pentelikon an. Der Referent lobt den großen Erfolg der Franzosen, steigt mit der kleinen Gruppe durch die Trümmer, während immer mehr abspringen und pausieren.

Dass Roberts Assistentin jahrelang mit einem Assistenten verheiratet war, bereits Witwe ist, erfährt Margret an diesem Abend. Das Ehepaar war kinderlos geblieben, und Margret spürt deutlich, dass körperliche Nähe die seelische Entfernung nicht ungeschehen machen kann. Alle speisen gemeinsam, beziehen ihre vorbestellten Einzelzimmer, aber Margret fühlt deutlich, dass der zwischen ihnen schwebende Ring sie seelisch voneinander entfernt hat. Etwas Unerklärliches steht seit jener Zeit zwischen ihnen, und sie glaubt auch das unausgesprochene Einvernehmen zwischen Robert und der Assistentin zu erkennen, obwohl das Gespräch weitgehend um fachliche Dinge und um die Ausgrabungen kreist, denn der Referent gesellt sich mit seiner Gattin zu ihnen. Robert und er waren

Studienkameraden, wenn sie sich auch unterschiedlichen Fachgebieten zuwandten. Des Referenten Gattin, Germanistin, kennt Margrets Bücher von den Buchmessen her und zieht sie ins Gespräch über den Wandel der Sprache, über die Durchsetzung des individuellen Umganges mit dem Wort in der Literatur. Dass Robert mit einem Seitenblick auf Frau Men den Kopf schüttelt, entgeht Margret zwar nicht, sie glaubt, noch nie so intensiv die wachsende Entfernung zwischen ihnen gespürt zu haben, als das Wort „Liebe" aus dem Mund der Witwe fällt, verschanzt Margret sich sofort hinter ihrer üblichen Definition, bringt Martins Film ins Gespräch.

Der Referent spricht leise mit Robert über die sich systematisch verändernden Aufgaben der Frau seit jener Zeit. Er behauptet, dass sich die Frau heute nicht mehr mit einem so engen Aufgabenbereich zufriedengibt. „Die liebende Frau und Mutter?", fragt er und lacht, klopft Robert freundschaftlich auf die Schulter: „Nicht so ganz zeitgemäß. Meinst du nicht?" Roberts Antwort kann Margret nicht verstehen, weil die beiden Frauen sich über Griechenlands politische Situation unterhalten.

Frau Men fühlt sich angespannt und müde, zieht sich zurück, und der Referent, von Margret befragt, spricht noch über den Höhepunkt der Ausgrabungen am Folgetag. Das Gespräch mündet bei der Entdeckung des weiblichen Torsos. Die Göttin Nike wurde ohne vollständige Arme und ohne Kopf gefunden. Margret erinnert sich an den Raub der hesperidischen Äpfel. Als dem Referenten eine witzige Begebenheit, der bei den Ausgrabungen gefundene moderne Sporn, einfällt und ein englischer Schilling, mahnt Robert zum Aufbruch. Mit einem Gute-Nacht-Wunsch verabschieden sich alle und begeben sich in ihre vorbestellten Zimmer. Auch der Referent verlässt mit seiner Gemahlin den Raum.

Der zweite Seminar-Tag umfasst das angekündigte Referat über die Ausgrabung des Nike-Torsos mit Lichtbildern und dem Besuch der Ausgrabungsstätte. Die Diskussion wird auf den späten Nachmittag verlegt. Margret möchte vieles wissen und stellt bereits bei der Exkursion Fragen. Der Referent freut sich über das Interesse der „Jugend". Sie fühlt sich mit ihren 28 Jahren keineswegs so jung, kann sich aber immer wieder des Gefühls nicht erwehren, nicht so ernstgenommen zu werden. „Ein interessiertes Mädchen." Ein Satz, den ihr ein leiser Luftzug aus dem Mund der Assistentin in Richtung Robert zuträgt. „Sie ist sich ihrer Macht so sicher und hält mich für unreif, noch nicht erwachsen", weiß sie. Margret, zwischen Verärgerung und Sympathie für die ältere, sehr mütterliche Frau gespalten, weiß noch nicht so recht, wie sie ihre Situation beurteilen soll. Robert schweigt. Kein Wunder, unsere Ehe wäre zum Scheitern verurteilt, nimmt sie an, obwohl sie zugleich weiß, dass sie nie einen anderen Mann lieben könnte. Nichts ist, wie es war. Die Beziehung ist schwer beschädigt. Ich bin eben wie ich bin, gesteht sie sich. Trotz erstickt den Satz in ihrer Kehle.

In ihr Notizbuch notiert sie: Josef gewinnt das Rennen, und Agnes, nicht Reinhard.

Robert klagt über Kopfschmerzen und Maria – so heißt die Assistentin – ist müde. Sie ziehen sich zurück, während Margret bei einem Spaziergang die Landschaft genießt. Schon immer erlebt sie Griechenlands Landschaft mit den Augen Franz Marcs. Als sie auf einem Rasen eine Kuh in der Sonne weidend beobachtet, ordnet sie dem Tier, das im hellen gelben Licht steht, die Sonne in der Seele und eine blaue Sichtweise der Umwelt zu. Dass sich in ihrer Phantasie ein Pferd einschleicht, entspringt den um ihren Roman kreisenden Gedanken. Sie wird Agnes und Reinhard, Josef mit ihren neuen Erfahrungen verbinden, auf Josef, den Pferdezüchter wieder ihre Vorstellungen übertragen. Das Pferd, das Fohlen spielt in Marcs Malerei eine sehr wesentliche Rolle, denn „Wer zu reiten versteht, findet seine blaue Verzücktheit". Pferde erkennen das Goldgelb zu ihren Füßen, zeigt der Maler. Ihre Seelen müssen blau sein, schließt er. So entkommen sie mit dem Reiter der Gefahr. Die Beschäftigung mit dem Maler soll Josef anregen. Die Seele des Wolfs, der ein Fohlen reißt, vermutet Margret, kann nur rot sein. Der Fuchs beansprucht einen anderen Rotton, denn Rot deutet auch die Gier des Wolfs. Margrets Blick verliert sich in dem stillen Nebeneinander der Farben. Die Landschaft präsentiert sich in Rot, Blau, Lila und Gelb. „Robert wird mich nicht verstehen", sagt sie plötzlich leise. „Er erfühlt auch dieses stille Aufleuchten unserer Beziehung nicht." Dass er sie an diesem Abend zu erreichen versucht, erfährt sie nicht, weil sie zu dieser Zeit mit ihren schweren und leichten Gedanken allein unterwegs ist. Langsam sinkt die Sonne über den Horizont, löscht das letzte Licht.

Warum Margret in dieser Nacht im Traum zwischen Robert und Maria Hand in Hand vor blauem, goldgelbem, rotem Hintergrund durch die Landschaft wandert, versteht sie nicht sofort. Im Traum formt das Gehirn Gedanken um. Verschiedene Hirnareale kommunizieren miteinander. Assoziiert sie vielleicht zwischen den Erfahrungen, Gesprächen mit beiden, die sie im Gedächtnis gespeichert hat? Träume gehen Erfahrungen nach, spielen oft Gespräche, Beziehungen nach.

Beim Morgengruß wandert Roberts Blick zwischen Margret und Maria hin und her. Der Referent, der mit seiner Gattin hinzutritt, mustert mit leichtem Kopfschütteln den Freund. Er sah am Vorabend vom Fenster aus Margret das Haus verlassen. Als Robert endlich den Ton wiederfindet, ist der lange Flugzeugschatten unter dem düsteren, bald gewalttätigen Himmel schon in Sicht.

Da Frau Men die Bayreuther Festspiele im Frühling besuchen will, lenkt Margret das Gespräch auf dieses Thema. Robert, ein Liebhaber der barocken Musik, findet keinen Zugang zu Richard Wagners Musik. Er lächelt, während Margret vom Beziehungszauber Wagner'scher Musik im Ring spricht, der vom Orchester ausgeht.

Den Raub des „Rheingolds" beurteilen beide als „hübsches Wasserstück", aber sie lassen sich von der Kritik der Erstaufführung in München beeinflussen, gebrauchen den Begriff „Huren-Aquarium" statt Meerjungfrauen. Margret versucht mit Alberichs Einstellung die Kritik zu widerlegen, weil nicht die Undinen, sondern der Alberich als reiner Triebmensch auftritt. Margret fasziniert die neue Sprachmelodie.

Dass die von Margret gewünschte Interpretation zwischen ihnen stehen bleibt, scheint die Entfernung zwischen Robert und Margret wachsen zu lassen.

Kurz, das Wochenendseminar wird von allen Teilnehmern als interessant, gewinnbringend empfunden, aber es trägt nicht zu einer Annäherung von Robert und Margret bei. Sie gerät eher in Versuchung, wenn sie an den geliebten Menschen denkt, Maria mitzudenken, als könnte sie diese Verbindung gegen einen unerwünschten Zugriff auf ihr Wesen, ihre individuelle Eigenart schützen.

Margret stürzt sich zu Hause in ihre berufliche wie außerberufliche Arbeit. Sie schreibt und studiert, malt gelegentlich. „Das Notwendige zu wollen und zu tun", darauf kommt es an, glaubt sie. Zeit ist sehr kostbar, denn das Leben fordert immer wieder Entscheidungen, zwingt zur Beurteilung, zum Abwägen. Schon das Kleinkind fängt mit dem Zählen der Finger und Zehen an. Mit der ersten Uhr wird die Zeit messbar und immer kostbarer.

Margret, ein Aussiedlerkind, hat viel Zeit durch die Aussiedlung, den Wechsel des Wohnsitzes verloren. Lücken entstanden und mussten wieder geschlossen werden. Die Brücke von der zweiten Volksschulklasse zum Beginn der Gymnasialzeit fehlte, und das Abitur musste ohne Zeitverlust bestanden werden. Schon früh litt sie an Zeitmangel. Dazu kam, dass den Aussiedlern wenig Geld zur Verfügung stand und Margret gezwungen war, neben dem Beruf zu studieren. Der zweite Bildungsweg kostete viel Zeit. Es blieb wenig Freizeit. Lange lebte sie unter dem Diktat der Uhr und freut sich auf die Zeit nach der Promotion. Robert kennt ihr Problem, aber er hält die Promotion für die Frau nur als Berufsvoraussetzung für notwendig, für sinnvoll, was Margret ärgert. Deshalb kann sie den Zweifel nicht löschen, dass er dieses wortlose Aufleuchten ihrer Liebe nicht in ihrem Sinne interpretiert. Vielleicht sieht sie deshalb in Maria nicht die Rivalin, sondern eine Vermittlerin. Diese seltene Dreierbeziehung verunsichert sie zwar, aber ihre Liebe besetzt deshalb ihren Tagesablauf nicht. Argumente für und dagegen stapeln sich in ihrem Kopf. Leben ist Bewegung, und Stillstand tötet es. „Nein, es ist zu früh!", sagt sie laut. Als verfrühte Hausfrau und Mutter müsste sie 24 Stunden lang das Leben verpassen. Es hält noch so viele geistige Abenteuer bereit, wenn sie an ihre schöpferische Tätigkeit denkt, ihr Studium neben der Berufstätigkeit, das sie mit der Promotion nicht beenden will. Der Sprachphilosophie möchte sie sich ohne Prüfungsabsicht widmen.

Nie würde ein anderer Mann ihn ersetzen können. Aber würde sie ihn nicht als Bruder, Vater genau so lieben? Unschlüssig steht Margret am Fenster, lauscht der Klangfolge des Regens. Unter ihr die Trostlosigkeit der Straße in einer Ahnung von Licht. Liebe, überlegt sie, setzt nicht die gleiche Einstellung beider Personen, die gleiche Vorstellung vom Leben voraus. Nie könnte sie für einen anderen Mann empfinden, was sie für Robert empfindet, und doch vergewissert sie sich immer wieder ihres Gefühls. Jeder, auch sie, muss den Anderen in seinem unverwechselbaren Wesen, seiner individuellen Eigenart annehmen, ohne ihn verändern zu wollen. Ein dauerndes fehlendes Verständnis käme aber einem Machtanspruch gleich oder würde ihn zur Folge haben. Was liebt der Partner an ihm, wenn er ihn zu verändern bestrebt ist? Das Wort „Liebe", denkt Margret, ist eben für Freude wie für Trauer und Leid porös. In ihrem Kopf stapeln sich Argumente und Gegenargumente. Ihre Lippen zittern vor Erregung. Der Zweifel, auch von ihm wirklich geliebt zu werden, frisst sich in ihre Gedanken. Drei Worte lassen sich nicht abweisen: „Zu früh, nur zu früh". Margret hat längst Prioritäten gesetzt. Die Zeit, vermutet sie, wartet nicht auf mich, die Zeit nicht und das Leben. Ehe setzt sie in Gedanken mit Stillstand gleich. Robert wird immer der einzig Geliebte bleiben, der beste Freund, aber die Zeit, sie ist gegen uns. Auch Maria liebt Robert. Das glaubt sie zu wissen. Sie kann ihm bieten, was sie selbst noch nicht will, ihm noch versagen muss. Es ist nur zu früh, noch zu früh. Der Satz hat sich fest in ihre Gedanken gebissen, dass sie ihn nicht mehr überhören kann. Der Ring besitzt in ihrer Phantasie Sprengstoff. Sie kann sich nicht mit einer Drehtür in ein Leben werfen lassen, von dem sie weiß, dass sie es nicht aushalten wird, weil ihr als „nur Hausfrau und Mutter", ob berufstätig oder nicht, geistige Welten, die großen Abenteuer des Lebens verschlossen bleiben würden. „Viel zu früh, nur viel zu früh", stammelt sie wieder, Trauer, Schmerz zwischen den Augenbrauen. Dann gibt sie sich einen Ruck. „Schluss!" Energisch greift sie nach dem Stundenplan für den kommenden Tag, nach ihren schriftlich fixierten Vorbereitungen.

Dass ihre Ahnung der Wahrheit sehr nahe liegt, beweist zwei Wochen später ein Satz aus Martins Mund: „Robert hat gestern Nacht seine Brille bei Maria vergessen". Die Neuigkeit teilt ihm Tochter Anna ironisch mit. Sie ist mit der Tochter seiner Nachbarin befreundet. Das Doppelhaus besteht aus vier Eigentumswohnungen. Ob Margrets Seufzer dieser Botschaft oder dem überwundenen Hang gilt, den sie mit dem Fahrrad bezwang, kann Martin nicht beurteilen. Maria aber hat Margret nichts weggenommen, was sie besaß. Das Wort „kurios" drängt sich auf Martins Lippen. Kopfschüttelnd wiederholt er es. Sie stellt ihn für ein paar Jahre bei seiner Assistentin ab, bis sie Zeit zur Familiengründung hat, denkt er. Den bekommt sie nicht wieder. Dann wendet er sich wieder seiner Kamera zu. Auf Sonne wartet er an diesem Tage vergeblich, aber er versucht eine neue Atmosphäre am Wasser einzufangen. Dunkle Wolken zwischen kleinen weißen Wölkchen, spärliches Licht und die vom Wind getriebene Strömung verhelfen ihm dazu. Margret kommt bald mit dem Rad zurück. „Hast du deine Wasserjungfrau heute nicht gefunden?", fragt sie. „Meine Wellgunde lässt sich gerade einen Giftzahn ziehen." Er lacht, und das Lachen breitet sich so genüsslich über Mund und Augen aus, dass es Margret ansteckt. „Beim Zahnarzt?", lacht auch sie. „Und Woglinde?", sie meint die Nymphe im goldgelben Zweiteiler. „Scheint sich der Alberich eingefangen zu haben", vermutet Martin. Seit Wochen hat er die Dame hier nicht mehr angetroffen.

Margret arbeitet, studiert und schreibt zwischendurch an einem Gedichtzyklus. Den Roman hat sie bis Ferienbeginn in der Schublade verschlossen. Ein Satz schießt ihr gelegentlich durch die Gedanken: „Nur Maria darf ihn haben." Maria stürzt. Eine Fußverletzung behindert sie und sie muss eine Krücke als Gehhilfe benützen. Daher feiert sie nur mit Robert die bestandene Promotion in einem Café, das zugleich Eis serviert. Die Unterhaltung umfasst das Rigorosum, die Funde des Wochenendseminars und Margrets gegenwärtigen Zustand zwischen Beruf, Studium und ihren „lyrischen Ergüssen", wie es Robert nennt. Nichts scheint sich in ihrer Beziehung geändert zu haben. Von Roberts nächtlichen Ausflügen oder der vergessenen Brille spricht natürlich niemand. Dafür aber von einem Haus, das er kaufte und weitgehend vermietete. Margret darf es, wenn sie sich in der Schweiz aufhält, mit benützen, aber sie begnügt sich mit der Bewunderung des Fotos. Während des Gesprächs ergibt sich die Frage nach Marias Besuch in der Schweiz. Sie wohnte natürlich auch zwei Wochen dort. Robert lächelt. „Es gefiel ihr gut." Ob er sie begleitete, fragt Margret nicht. Sie glaubt es zu wissen. Die Frage bleibt in ihrem Kopf unbeantwortet stehen. Warum nicht?, denkt sie, es ist schließlich sein Recht. Zwischen ihren Zweifeln und Selbstanklagen zerfressen, erläutert sie den Eltern auf deren Fragen hin die Situation. „Mit 28 Jahren ist man offensichtlich noch zu unreif für die Ehe", spöttelt der Vater. Dass sich die Tochter mit dem in ihrem Kopf verankerten Satz: „Es ist nur zu früh", verteidigt, ergibt sich von selbst. „Die Ehe ein Zeitproblem!", ärgert sich die Mutter. Unbehagen macht sich auf ihrer Stirne breit, sinkt zwischen die Augenbrauen. Sie versteht nicht, warum die Tochter, nachdem sie mit der Promotion alle Voraussetzungen für den Beruf erreicht hat, noch Sprachphilosophie neben dem Beruf studieren will.

Als Kind zählte sie die Sekunden mit dem Sekundenzeiger der Uhr und spürte instinktiv, dass Zeit messbar und kostbar ist. Als Schülerin ließ sie in den Ferien Uhr und Handy zu Hause, um nicht rund um die Uhr verfügbar zu sein. Der Zwang der Zeitmessung sollte in den Ferien entfallen.

Der zweite Bildungsweg erforderte sehr viel Zeit, weil sich das Studium automatisch verlängerte und Zeit immer kostbarer wurde. Immer wieder versucht sie in der Freizeit ohne Messung, mit dem Sonnenlicht auszukommen.

Robert und seine Assistentin bereiten eine Tagung vor. Anschließend wollen sie sich in der Schweiz erholen. Margret soll zu ihnen stoßen. Maria ist es, die sie fragt. Margret lehnt dankend ab, weil sie für diese Zeit die Reise bereits gebucht hat. Sie will das Problem nicht vergrößern, aber auch das Idyll der Beiden, wie sie glaubt, nicht stören. Sie kommt ihren schulischen Pflichten nach, überprüft Noten, schreibt Zeugnisse. Dass sie zwischendurch das eine oder andere Gedicht schreibt, gelegentlich mit dem Rhythmus kämpft, weiß niemand, außer Robert.

Zu Ferienbeginn, wenn Robert mit seiner Assistentin längst mit dem Auto unterwegs ist, fliegt Margret mit Martin und Gundel nach Wien, um einer Rheingold-Aufführung beizuwohnen. Martin will Anregungen für seinen Film einholen, Interpretationsmöglichkeiten anderer Art kennenlernen. Margret bezeichnete die Presseberichte nach der Erstaufführung in München als „Abwertung" und behauptet „Das sind Jungfrauen, aber doch kein ‚Huren-Aquarium'." Ihre Absicht zielt auf Josef, dessen Gemälde eine andere Inszenierung zeigen wird. Wien soll sie bestätigen. Gundel dagegen möchte vor allem ein Original Wiener Trachtenkleid vor Ort kaufen.

Margret und Martin verfolgen gespannt jede Bewegung, vergleichen verschiedene Inszenierungen, den Orchesterklang und die Leitmotivtechnik des Komponisten. Die Aufführung bestätigt Margrets Vorstellung. Es ist natürlich kein „Huren-Aquarium", das ihnen vorgeführt wird. Meerjungfrauen, Mädchen spielen im

Strom und necken Alberich, entziehen sich seinem Zugriff. Sie bewachen das „reine Gold". Alberich dagegen, gieriges Triebwesen, will den Besitz in seine Gewalt bringen. Er hält Liebe für käuflich und glaubt jedes Mädchen einfangen, erwerben zu können. Der Ring soll ihm die Macht über sie und die anderen verleihen. Durch seine Triebhaftigkeit und Machtgier wird ihm der Ring zum Fluch. Die Darstellung veranlasst Gundel in der Pause zu der Bemerkung: „Das unterscheidet dich von Alberich, dass ich mir die Macht vorbehalten habe." Martin antwortet über die Schulter Margret zugewandt: „Das ließe sich der Robert nicht gefallen, und wenn du dich ihm verweigerst, lacht er sich eben eine andere Rheintochter an." „Der geht natürlich von seiner Person aus", beschwichtigt Gundel. Sie freut sich auf die Stadt am Folgetag, die sie als „Stadt der Musik" empfindet. „Ja, die hat immer noch Musik in sich", stimmt der Ehemann zu. Er wird geradezu poetisch, vergleicht sie mit einem Fixstern, der in der Nacht noch funkelt, obwohl vieles erloschen ist und nur als Erinnerung weiterlebt. Wörter wie „Gemütlichkeit", „süße Mädel" fallen von seinen Lippen, während Gundel an die Tracht denkt.

Während Gundel mit Martin am nächsten Tag Einkäufe erledigt, besichtigt Margret berühmte barocke Bauwerke, bewundert den Reiz der alten Prunkbauten, in denen Poesie verschiedene Formen annimmt. Im Stephansdom, dem von den Wienern geliebten „Steffl", findet gerade eine Konzertprobe statt, und Margret nimmt sich viel Zeit, um mitzuhören, bevor sie den Spuren der Wiener Klassiker folgt, um dann an dem bis zur Unkenntlichkeit veränderten, begradigten Schreiberbach entlang zu laufen, den Beethoven in seiner Sinfonie einbrachte. Mit der Stadtbahn und zu Fuß besucht sie Außenbezirke. Die Kirche, in der Mozart sein Ave Maria komponierte, reizt sie, um die Atmosphäre einzufangen, mit der Musik zu verbinden.

Am Abend sucht sie in ihrer Postkartensammlung, um Robert und Maria von Wien aus in seinem Schweizer Haus zu grüßen, was Martin zu einem heftigen Räuspern und Gundel zu einer geschmacklosen Bemerkung verleitet. „Du könntest dort ein paar Tage assistieren." Die Antwort bleibt stimmlos in der schwülen Luft hängen. Gundel erwartet sie auch nicht.

Was in Margrets Gedanken lärmt, hängt mit der Karte zusammen. Wie wird Robert ihre immer größer werdende Entfernung interpretieren? Wie den Gruß im Ferienhaus beurteilen? Wie weit sind die Beziehungen bereits fortgeschritten? Margret fühlt sich leergebrannt.

Gundel breitet ihre Einkäufe vor ihnen aus, die Tracht und den Anzug für den Enkel. Martin vertieft sich in seine Notizen. Der Titel seiner Notizen schwingt sich auf tiefem Ton in eine Frage, die keiner Antwort bedarf: „Der Fluch des Ringes?" Nach kurzer Überlegung ergänzt er Margret zugewandt: „Du hast je Recht." Alberich hat auch in seinem Film doppelt versagt. Liebe bedeutet für ihn Ausleben seiner Triebe. Die Frau ist austauschbar, lässt sich mit Gold erwerben. Er strebt die Macht über Mime wie über die Meerjungfrauen an. Kein Wunder, dass er den Schatz in der Tiefe verliert. Aber wie bringe ich Alberich wirksam ins Bild? In seiner Phantasie hockt das Nebelgespenst bereits grau in den Büschen am Rheinufer.

Gundel interessiert sich für den „Würstelbrater", Margret vertieft sich in das Schaufenster eines Buchgeschäftes, bis sie sich mit dem Riesenrad in die Luft schaukeln lassen. „Wir fliegen", lacht Gundel. Margrets Gedanken durchkreuzen drei Wörter, die alles enthalten, was sich in ihren Augenwinkeln aufgestaut hat: Loslassen, abspringen, fliegen! Ja, sie hat losgelassen, ist abgesprungen, aber sie hat das Fliegen nicht gelernt. Wäre Roberts Wahl auf eine andere Frau gefallen, hätte sich Margret sofort völlig zurückgezogen, aber Maria bleibt eine Ausnahme. Vielleicht, überlegt sie, wird Robert eine Familie mit ihr gründen? Aber auch dieser Gedanke verunsichert sie, obwohl sie Maria als „große Schwester" in ihr Gedankengebäude einzuordnen versucht. Ein schales Gefühl entsteht nicht, wie sie befriedigt feststellt. Ihr Traum weist ihr den Weg. Dass Robert Maria bereits vor ihrer Ehe kannte, dass sie erst nach dem tödlichen Unfall des Gatten seine Assistentin wurde, weiß sie nicht, aber Margret zweifelt nicht daran, dass Maria Robert ihre angestrebte Professur opfern würde.

Obwohl alle den grandiosen Blick von oben genießen, hängt jeder seinen Gedanken nach. „Jetzt möchte ich in den Himmel fliegen", sagt Martin, aber Gundel bremst: „Die haben noch keinen Platz für dich." Dann verplant jeder die noch arbeitsfreie Woche für etwas anderes ein.

Martin will sich von der Aufführung für seinen Film anregen lassen, Gundel überlegt, wie sie eine neue Geldquelle erschließen könnte, und Margret nimmt sich vor, Robert und Maria zu porträtieren.

Eigentlich malt oder zeichnet Margret nur während der Ferien. Neben Beruf und Studium bleibt zu wenig Zeit. Die füllt sie mit ihrer schriftstellerischen Tätigkeit. Neben einem Gedichtzyklus steht vor allem der Roman auf dem Plan. Aber sie nimmt sich vor, zuerst Robert und Maria zu porträtieren, um sich intensiv mit Beiden beschäftigen zu können, mit den Menschen, die ihr viel bedeuten, weil die Zeit Reste von Schmerz und Trauer so wenig zu löschen vermag wie die glücklichen Augenblicke zu verlängern. Margret übt sich geduldig an Köpfen in Frontalansicht, bis ihre Zeichnung endlich Roberts Kopf immer ähnlicher wird. Sie studiert die Verhältnisse von Stirn- und Mundpartie, vor allem die Schnittlinie des Mundes, nicht ohne den leise ironischen Zug und die Konturen der Lippen. Selbst das penibel gescheitelte Haar schafft Probleme. Endlich gehen Stirne und Hinterkopf ineinander über. Immer wieder probiert sie seinen Blick aus, aber es kommt eben auf die Verhältnisse der einzelnen Kopfteile zueinander an. Schattierungen werden aus jedem Blickwinkel eingesetzt, unter unterschiedlicher Lichteinwirkung. Es dauert lange, bis das Portrait gelingt. Bei jedem Pinselstrich überlegt sie Charakterzug, Wirkung auf den Mitmenschen, auf ihre Person, auf sie vor allem. Situationen, Gespräche drängen sich in ihre Gedanken, sein fragender Blick. Wozu so viel Mühe, wenn die Bücher nicht Geld einbringen? Gibt es so viele Gedicht-Liebhaber? Was lohnt den Arbeitsaufwand? Es waren ähnliche Fragen wie die der Eltern. Sie glaubt seine charakteristische Kopfhaltung, seinen Blick und das Lächeln gefunden zu haben, das ihn charakterisiert. Viel leichter fällt es ihr, Maria zu zeichnen. Jede freie Minute steckt sie zwischen Beruf und Studium in ihre Hobbys. Intensiv malt sie nur in den Ferien, malt oder zeichnet, oder sie schreibt Lyrik. Als würde es genügen, Menschen zu zeichnen oder zu malen, wenn man sich mit ihnen auseinandersetzen will, als ließen sich auf diese Weise Probleme lösen, so intensiv arbeitet sie.

Margret schaut noch einmal lange auf ihre Zeichnung. „Der Zeichnung fehlt die Farbe", stellt sie dann fest. „Ja, die Farbe, um mich selbst stärker auszudrücken", sagt van Gogh. Emotionen werden von Farben angeregt, beunruhigende lineare Rhythmen gehen von ihnen aus. Auf den kreativen Impuls kommt es eben an, glaubt sie. Margrets Gedanken zielen immer wieder auf Roberts Gestalt, seine Erscheinung, auf den Blick vor allem. Robert bevorzugt dunkle Kleidung, das weiß sie, weiße Pullis. Sie schiebt die Zeichnung auf dem Schreibtisch hin und her. Der dunkle Schein der Lampe lastet auf seinen Zügen. Sie legt die zweite Zeichnung, Maria, daneben. Eine wechselseitige Ergänzung ist für sie im Augenblick nicht denkbar. Farbe, ja Farbe, denkt sie wieder, war immer ein wirkungsvolles Mittel, um Emotionen auszudrücken. Der Grünton lässt die Person selbstzufrieden, selbstsicher erscheinen. Indigoblautöne im schwachen Licht kleiden ihn, glaubt sie. Der Pullover wirkt eher düster. Sie hält die Zeichnung ins Licht, probiert dunkelgrüne, blauviolette Schatten im Gesicht, Maria verzieht skeptisch den Mund. Robert wird als stattlicher Mann empfunden, der mit Schwung und Überzeugung seine Vorträge hält, dem in Seminaren und Vorlesungen unwillkürlich Aufmerksamkeit zukommt. Maria hält ihn für einen leidenschaftlichen Menschen. Margret stellt plötzlich fest, dass sie ihn sehr unterschiedlich sehen, vielleicht aus unterschiedlichen Perspektiven betrachten. Sie schüttelt den Kopf, schiebt die Zeichnungen in ihre Schreibtischschublade. Maria hat Recht, denkt sie. Ich sehe ihn immer aus der Perspektive der Studentin, der Gesprächspartnerin, die seine Überlegenheit bewundert, sein Wissen. Habe ich deshalb die Flucht ergriffen? Maria scheint ihr Verhalten so zu beurteilen. Sie ist nicht im Rückzug geübt. Es ist kein Wechsel der Gezeiten des Gemüts, der sie verunsichert. Ihr Verhalten leitet der Verstand, aber in diesem Moment weiß sie, dass sie den Mann, den sie liebt, verloren hat. Warum vermeidet sie wie er jede offene Aussprache? Sie weiß es nicht.

Margret hat noch drei Wochen Ferien, reist weder in die Schweiz, wo sie Maria und Robert vermutet, noch plant sie eine Studienreise. Sie braucht diese andere Art zu atmen.

Nicht Josef besucht den Stiefbruder und dessen Frau, sondern Reinhard und Agnes besuchen Josef. Heini soll sie begleiten. Anna, die Psychologie und ihre Angst studierte, stimmt dagegen. Die Eltern bieten oft genug die Gelegenheit, diese Angst umzusetzen.

Heini will die Fohlen, die Pferdezucht sehen und reiten. Er kennt auch die Alpen nicht, die Lärchenwiesen im herbstlichen Gelb unter dem Tschögglberg.

Bis Bozen fahren sie mit dem Auto. Von dort holt Josef die Gäste ab. Er kennt seine Heimat, die Saltenlandschaft besser als der Bruder, eine Mischung aus Bauernhöfen, manche noch mit Stroh bedeckt, den Mischwald und die verschlungenen Wege durch die Wiesentäler. Agnes möchte die Landschaft, auch das alpine Gelände genießen, ja, sie vor allem. Auf dem Weg grüßen sie das Kirchlein des Hl. Valentin mit dem Blick auf die Dolomiten, auf die malerischen Dörfer im Tal. Heini reizt besonders die Schwebebahn über den felsigen Hängen. Bei diesem Besuch wollen sie Josefs Heimat ohne Stress, ohne Angst um Reinhard erleben. Der Gastgeber gibt sich alle Mühe, die schönsten Wege auszuwählen.

Heini darf auf seiner Schulter sitzen. Er freut sich auf die vielen kleinen Pferde. Zu einer Pferdezuchtschau sind sie eingeladen.

Margret prüft die Karte, weil sie fürchtet, sich nicht mehr so genau an den Wanderweg zu erinnern. Dass sie gelegentlich Josef unbewusst mit Robert vergleicht, ärgert sie sehr. Es geschieht gegen ihren Willen. Sie weiß natürlich, dass ihre Romangestalt nicht mit Robert vergleichbar ist. Reinhard und Agnes beherrschen die Reitkunst nicht sehr gut. Margret überlegt, was sie Agnes und Reinhard zumuten darf. Es ist für alle ungewohnt, im Gelände feldeinwärts zu wandern oder zu reiten. Margret hat sich jahrelang mit einem sechswöchigen Reitkurs in den Sommerferien begnügt und zählt nicht zu den guten, geschickten Reiterinnen. Josef kennt sich aus, und Heini lässt sein Pferdchen traben. Er will wie der Onkel Tierarzt und Pferdezüchter werden. „Der wird den Vater und Großvater in den Schatten stellen", glaubt Agnes.

Am Abend, der Enkel, von einem ereignisreichen Tag müde, schläft bereits, fragt Josef nach Margrets Zeichnungen und zeigt den Gästen sein neues abstraktes Gemälde: „Rheingold". Es kommt einer Farbexplosion gleich. „Ihr habt mich angeregt", sagt er.

Es ist ein Nebeneinander von Farben, die ein gleißendes, vibrierendes Licht erzeugen, eine nicht sofort für den Betrachter entschlüsselbare Aussage, aber eine Stimmung schaffen. Agnes ist fasziniert. Sie glaubt eine vernebelte Anklage, Hoffnungslosigkeit zwischen Spielereien, Neckereien zu erkennen. Richard entdeckt, dass Josef Musik in Farbe umgesetzt hat. Josef bestätigt es, dass die aneinandergereihten Farbflecke tönen, melodisch empfunden werden sollen. Durchsichtig, glasig wie föhnige Luft wirken die Farbbränder. Grellrot tönt es aus dem Grün, geht in ein verschwommenes Rosa über. Aus der Mitte aber leuchtet es Neapelgelb neben Apfelgrün Goldgrün. Rot erscheint gestuft, Blau dazwischen. Dann wieder gewischt, Blau getupft. Der Strom unter durchschimmertem Himmel. Die Ufer, tief blaugrüne Streifen, strecken sich wie Arme. Zuweilen wirken sie angehoben, als ruhten sie in der Luft unter leichtem Sommergewölk, der rosa Schimmer auf der einen Seite wie von einem Zauber umhüllt. Zerfließende Farbmischungen werden offensichtlich vermieden. Aber immer der goldgelbe, goldgrüne Schimmer, als käme er von unten. Aus graublauen, blaugrünen Wellen steigt, flammt Gold, durchringt sogar kühles, schäumendes Weiß. Flammendes Rot sogar im Veronesergrün, Rotgold. Konturenlos glaubt der Betrachter in jauchzenden Farben die Rheintöchter spielen und tanzen zu sehen, vom klagenden Grau verfolgt. Alberich? Dem Himmel hat der Maler etwas Kobalt im Preußisch-Blau verordnet. In der Tiefe, so scheint es, dominiert überall Goldocker, Goldgrün oder Goldgelb. Oder erzeugen die Farben das Licht? „Reines Gold?", fragt Agnes. Josef lächelt. „Nicht immer, nicht überall." Meerjungfrauen bewachen das „reine Gold", aber Alberich hält die Liebe für bezahlbar. Außerdem vermag der Triebmensch nicht zu entsagen. „Nur reines Gold" bietet Lebensenergie, die alles durchströmt, behauptet Agnes trotzig. Josefs Lächeln verteilt sich systematisch über seine Gesichtslandschaft.

Das zweite Bild zeigt die Klage der Rheintöchter über den Verlust des Goldes. Hier sind Wellgunde, Woglinde und Flußhilde nicht sichtbar.

Wieder reihen sich Farbflächen aneinander. Wieder geometrisch geformt. Halbkreise und Kreise, schneckenartige Gebilde fallen auf. Der goldgrüne, goldgelbe Schein aus der Tiefe fehlt. Die tanzenden, spielenden Gestalten sind unsichtbar. Im Ultramarin, Veronesergrün flammt sattes, schweres Rot auf. Wieder wird Preußisch-Blau und Kobalt dem Himmel zugeteilt und Grau gestuft, gewischt, in allen Tönen. Soll es die bittere Zeit verdeutlichen? Leuchten helfen? Anklage, Hoffnungslosigkeit! Josef zitiert: „Halt! Du Gieriger! Gönne mir auch etwas!" Die Rheintöchter aber sehen das Gold, den Schatz in der Tiefe nicht mehr. Woglindes Sopran bewegt sich zwischen as und as, umfasst eine Oktave mit ihrer Klage. „Rheingold! Rheingold! Reines Gold ..." und „Gib uns das Reine zurück!" Alberich hat versagt und das „Spiel verloren", bemerkt Reinhard,

„und Gott?", will er wissen. Die Antwort kommt für die Betrachter unerwartet. „Er ist doch nicht mit Wotan und dem Götterhimmel vergleichbar. Gott ist die Liebe, durchströmt als Lebensenergie alle Geschöpfe. Nicht mit Gewalt, nicht durch Triebhaftigkeit oder Gier wird das Ziel erreicht, nicht Besitz, Geld sichert die Liebe. Alle Quellen entspringen in Gott."

Margret legt den Stift weg. Josef hat sich verselbstständigt. Ohne es zu wollen, vergleicht sie immer noch Josef mit Robert. Agnes, ihre Weggefährtin, hat sie verführt. Sie sieht im Vergleich zwischen Reinhard und Josef die Fehler des Gatten bloßliegen. Schöpferisches Tun, ob Schreiben oder Malen, ist eine Kompensationsmöglichkeit, denkt Margret, ja eine andere Art zu atmen, und immer wieder: Das versteht Robert nicht.

Sie nimmt den Stift wieder zur Hand. Josef kennt die Stelle in Paulus' Korintherbrief, wo er die Kraft der Liebe beschwört. Agape, glaubt er zu wissen, meint eine Form der Liebe, die den Partner mit den Augen des Schöpfers betrachtet und ihn mit allen seinen Stärken und Schwächen, Abgründen akzeptiert, annimmt, ohne ihn verändern, seinen Wünschen anpassen zu wollen. Alberich geht es um „Rheingold", um einen Schatz im Rhein, nicht um „reines Gold". Mit diesem Vermögen will er den Rheintöchtern imponieren und sie verschlecken. Es soll ihm zur Macht über seine Untergebenen, wie Mime, und über die Meerjungfrauen verhelfen. Agnes nickt, nickt Zustimmung, während sich Reinhard amüsiert. „Das muss ja misslingen. Die Frauen lassen sich nicht einmal in der Ehe beeinflussen." Sein ironischer Blick umkreist Agnes. Die argumentiert mit dem Wort „Machtergreifung", sieht sie als Ursache für Untreue und Trennung. Agnes sucht Gründe in zu früher Bindung. Zu junge Paare kennen sich zu kurz, verändern sich durch Entwicklung, Reifung, versuchen oft den Partner mit Gewalt anzupassen nach dem Prinzip des Stärkeren, setzt sie hinzu. „Habe ich nicht für eines deiner Bilder Interessenten gefunden? Du musst zugeben, dass sie nie Nennenswertes einbrachten", heizt er die Diskussion auf. Er begreift nicht, dass es Agnes beim Malen nicht um Geld geht. Reinhard verwandelt geradezu gierig alles in Geld, obwohl er sich beruflich finanziell nicht beklagen kann. Josef wirft dem Stiefbruder vor, alles nach seinem materiellen Wert hin zu beurteilen.

Tag darauf erzielt Josef mit seiner Zucht einen Preis und bietet Reinhard und Agnes an, den Umbau zu bezahlen. Die Zuchtpferde bringen Geld und Lob ein, finden viele Käufer. Heini dagegen will reiten. Josef verspricht es für den nächsten Tag und erklärt ihm, wie man Fohlen beurteilt, worauf man achten muss, wie sich Kopfform und Augen unterscheiden. Ob Rammskopf oder Keilkopf. Er lobt das Araberpferd und leitet von großen lebhaften Augen, Temperament, Intelligenz, Sanftmut oder Aggression ab, und Heini freut sich auf die Reitstunde.

Josef furcht seine Stirne. Sein skeptischer Blick umfängt Agnes. „Wer unkonzentriert reitet, gefährdet sich und andere", mahnt er. Aber auch der Verfasserin spielt die Phantasie einen Streich, denn Josef nimmt nicht Roberts Gestalt an, sondern die des Archäologen, der das Wochenendseminar hielt und Margrets Meinung vertrat, Robert kritisierte. Warum spricht er aus Josef, denkt sie. Wie kindisch! Das ist nicht Roberts selbstbewusstes Auftreten. Sie nimmt sich vor, die Zeichnung noch einmal zu prüfen. Hat sie vielleicht ein falsches Bild von dem Mann, den sie liebt? Findet sie deshalb nicht das richtige Wort, um die Spannung zu lösen? Unter Margrets Stift umkreisen immer noch Josefs Blicke aus braunen Augen Agnes, als müsste er sie vor ihrem Ehemann beschützen. Margrets Verunsicherung führt zu einer emotionalen Verwirrung, die die Erfahrung der Vereinsamung zurücklässt. Sie fürchtet die negative Beeinflussung ihrer fiktiven Welt und legt den Stift wieder weg. Margret misstraut ihren Gefühlen, ihrer Liebe und empfindet die Welt in dem Moment geradezu bedrohlich. Lange betrachtet sie die Zeichnung, jede Linie, jeden Zug seines Gesichtes. Bin ich in Roberts Augen eine unreife Göre?, fragt sie sich, die nicht weiß, was sie will, die sich nicht entscheiden kann? Margret quält sich mit Selbstvorwürfen.

Sie erwartet nicht, dass Robert wartet, bis sie es an der Zeit findet, sich zu binden. Maria besitzt, was sie selbst nie besaß, wird von Margret nicht als Rivalin empfunden. Aber sie fürchtet, nicht ernstgenommen zu werden, ihn zu verlieren. Das kann nicht das Ende eines Anfangs sein, Erinnerungen können nicht als Trümmer in ihren Gedanken herumliegen bleiben. Trümmer, die sich als Emotionen auswirbeln. Die Ebenen, auf denen Maria und Margret mit Robert verkehren, sind unterschiedlich. Da sie ihre Befindlichkeit nicht zu verbalisieren vermag, scheitert sie zum zweiten Male am Wort, obwohl ihre Phantasie das Ohr überredet, seine Stimme zu hören. Was zur Aussprache drängt, bleibt unausgesprochen. Gelegentlich ruft sie ihre erste Begegnung in die Erinnerung zurück. Etwas Unerklärliches verstellt ihren Blick. Bild für Bild blättert sie auf, bis sich ihre Hilflosigkeit in Abwehr wandelt.

Sprache ist eben mehr als ein Abbild von Tatsachen. Das Wort, das sie ausspart, aufhebt, auf das es ankommt, gewinnt keine Stimme. Die Beziehung des Ringes aus „bestem Gold" zu dem „reinen Gold" am Meeresgrund, in der Tiefe ihres Innern, bleibt ungeklärt. Auch das Unaussprechliche, nicht Verbalisierbare kann seine Existenz nicht verleugnen.

Sie überhört die Glocke, bis der Besucher Sturm läutet.

Es ist Martin, der eine Tasche mit Fallobst bringt, das in seinem neu angelegten Garten den Besitzern zur Last fällt. Margret soll es verwerten und, so will es die Einladung, sich den Samstagabend freihalten, um die Vorführung an der großen Leinwand zu kritisieren. Um den zweiten Teil des Filmes geht es, um die Klage der Rheintöchter. Gott bemüht der Regisseur nicht. Er begnügt sich mit Wotan und dem Götterhimmel. Die Unsichtbarkeit der Nymphen, die den verlorenen Schatz beklagen, erleichtert die Filmarbeit. „Na, der Robert", sagt Martin so nebenbei, „soll ja mit seiner Assistentin ein Kind gehabt haben, das mit dem zweiten Lebensjahr starb". Tante Emmas Kundin hat Gundel darüber informiert. „Soll aus früher Zeit stammen, vor Marias Ehegründung." Er vermutet allerdings

Geschwätz der Kunden. „Warum hat er sie nicht geheiratet?", fragt Margret ernüchtert. Martin zuckt mit der Schulter, wirft mit einem Ruck eine Haarsträhne aus dem Gesicht. Sein ironisches Grinsen bleibt in der Mundpartie stehen. „Vielleicht hat sie ihm der spätere Ehemann weggeschnappt." Sie adoptierten das Kind. „Kein reines Gold." Das ironische Grinsen löst sich in einem lauten Lacher auf. Martin hat die Gewohnheit, so zu albern, dass niemand weiß, wo die Wahrheit beginnt oder aufhört. „Sprache ist eben nicht immer ein Bild von Tatsachen", spöttelt er mit Margrets Worten weiter. Er kennt Margrets Seminararbeit. Dass sie nach Martins Kurzbesuch nach einem kommentarlosen, nachhaltigem Kopfschütteln, das kein Ende findet, den ersten Schultag nach den Ferien vorbereitet, lässt keinen Schluss auf Margrets momentane Gemütsverfassung zu. Der Vater kommentiert später die Information durch die Tochter mit einem Satz: „Na, da hast du ja Glück gehabt", wobei ungeklärt bleibt, worauf sich das Wort „Glück" beziehen soll.

Martin hat sich bei der Vorführung mit auf die Leinwand gebracht. Müde scheint die Sonne die Zeit voranzuschieben. Im lautlosen Wellengang kämpft er mit der Landschaft, bis sie sich in seiner Phantasie aufschlägt. Man kann es an der Leinwand mitverfolgen. Der Gesang der unsichtbaren Rheintöchter lockt wie der Gesang der Sirenen und springt ihn wie ein Versprechen an. Ihre Klage dringt an das Ohr der Zuschauer und erinnert Margret an Josefs Bild „Gib uns das Reine zurück", denn das „reine Gold" in der Tiefe wurde gestohlen. Martin erweist sich als Meister der Landschaftsverfilmung, beschränkt sich weitgehend auf Lichteffekte. Auch Wotan wird von Erda zurechtgewiesen. Sie rät ihm, die Macht mit dem Ring abzugeben. „Viel erwarb dir des Ringes Gewinn, dass er nun dir genommen, nützt dir noch mehr." Loge erläutert es Wotan. Nicht Trieb, noch Gier, noch Besitz darf sich mit dem „reinen Gold" verbinden.

Die Dame im goldfarbenen Badeanzug trifft Martin in dieser Zeit nicht. Sie scheint auf Urlaub gefahren zu sein. Er hätte sie gerne zu seiner Vorführung an der Leinwand geladen. Als Margret „reines Gold" sagt, weiß Martin, was während der Filmvorführung in Margrets Gedanken ablief. „Das musst du Gundel sagen, wie sich auch heute noch Besitzgier und Machtgier auswirken!", stellt er fest. „Der kommt nie zu Geld", behauptet die Ehefrau, die seit langem einen Gewinn über Lose anstrebt.

In den Folgetagen stürzt sich Margret in die Arbeit, korrigiert, bereitet den Unterricht vor. Einmal pro Woche besucht sie Seminar und Vorlesung an der Universität und hält ein Referat. Am Abend schreibt sie zur Entspannung meist ein Gedicht. Gestresst fühlt sie sich nicht, weil sie ihrem Studium neben der Berufstätigkeit keine Termine setzt. Sie weiß, dass sie viel länger brauchen wird, um ihr Ziel zu erreichen, als Studenten, die keinen Beruf gleichzeitig ausüben.

In diesen Wochen begegnet sie weder Robert noch Maria. Sie konzentriert sich auf die Arbeit und verbietet sich jeden Gedanken an ihn. Wie bisher folgt sie in der Faschingszeit seiner Einladung und der von Kollegen zum Maskenball. Tanzen ist für Margret, wie für viele eine Sportart. Daher wechseln sie die Partner, Partnerinnen. In ihren Kollegenkreisen ist das so üblich. In den Weihnachtsferien hält sie sich Wintersportnachmittage frei, verplant den Sonntagnachmittag, ob zum Zwecke des Ski-Langlaufs oder Schlittschuhlaufs auf einer zugefrorenen Riesenpfütze. Im Frühjahr wandern sie oder gehen, besonders in den Sommerferien, zum Schwimmen. Gesundheit erfordert Bewegung im Freien, welcher Art auch immer.

Roberts Sonntage sind oft besetzt. Er trifft sich mit einem Kollegen zu Fachgesprächen. Auf die spitzmündige Bemerkung der Mutter, ob sie eine „alte Jungfer" werden wolle, findet Margret nur einen Satz: „Die Ehefrauen bleiben doch auch nicht jung." Keiner ihrer Tanzpartner oder Wanderkameraden, das weiß sie genau, würde Robert ersetzen, obwohl sie ihn fälschlicherweise bald mit Maria verheiratet zu sehen glaubt, gibt es nur einen Mann, den sie liebt. Wie seltsam, denkt sie. Wie sollte die Mutter ihre Denkweise verstehen? Zu den Veröffentlichungen, ob in Literaturzeitung oder in Buchform, hört Margret ihre mit Ärger und Ungeduld beladene Stimme: „Noch mehr Bücher?" Dann erklärt sie, dass schöpferisches Tun eine andere Art zu atmen ist, dass das Studium zum Beruf gehört, weil es die fachliche Kompetenz liefert, es ihr ermöglicht, in der Oberstufe zu unterrichten. „Lass mir doch bitte Zeit!" Das Leben wartet mit so vielen Angeboten. Der Vater versteht den Arbeitsaufwand, solange er den beruflichen Aufstieg betrifft. Seit ihren jungen Jahren verdient sie ihr Brot selbst, wenn sie auch zu Hause wohnt. Sie zahlt ihre Studienreisen, alles was sie benötigt. Aber darum geht es den Eltern nicht. Sie begreifen so wenig wie Robert den Sinn schöpferischer Arbeit ohne materiellen Gewinn. Dass sie aus Interesse gelegentlich auch Vorlesungen hört, die andere Fachgebiete betreffen, verschweigt sie. Sie weiß genau, was sie nach der Promotion an der Universität hören möchte, aber sie spricht nicht darüber. Nur Martin weiß es, serviert diese Information wie Gundel immer mit einer Portion Spott. Er ist es auch, der Margret über Roberts Blitzentscheidung informieren soll. Robert hat einen Lehrauftrag „im Ausland" für ein Jahr angenommen. „Auch zu Forschungszwecken", sagt Martin. Der Abschiedsbrief trifft eine Woche später ein. Auch der Brief informiert am Rande über ein unerwartetes Ereignis, über Marias Hochzeit mit einem jungen Mann, ja wider Erwarten nicht mit Robert. Er schreibt von der „früh zur Witwe Verurteilten, die endlich ihr Glück findet". Margrets Entsetzen äußert sich in totaler Sprachlosigkeit. Sie findet kein Wort für das für sie undenkbare Geschehen, misstraut ihrer eigenen Phantasie. War es nicht Robert, der seine Brille bei ihr vergaß? Banales Geschwätz in Emmas Kaufladen? Eine Verwechslung? Oder Verleumdung? Missverständnisse vielleicht? Margrets Gedanken wirbeln wie ein bunter Kreisel durch ihren Kopf. Verdächtigt sie den einzigen Mann, den sie liebt? Und Maria? Wie konnte sie nur seine Assistentin so falsch einschätzen! Nur ihr würde sie Robert zugestehen. Der Abschiedsbrief begnügt sich mit dieser kurzen Information, als wäre Marias zweite Ehe das Normalste von der Welt. Da es ein Samstag ist, an dem der Brief eintrifft, schneidet sie verzweifelt Hecken und Sträucher im Garten, um bei geistiger Arbeit nicht durch ihre Verwirrung, den Konzentrationsmangel gestört zu werden. Margret muss die Erregung „abarbeiten". Körperliche Beziehung ist die Folge der Liebe, aber nicht mit ihr identisch. Wie kann Maria ... sie will den Gedanken nicht zu Ende führen. Gundel kann aber auch nicht auf derartige Neuigkeiten reagieren, weil sie der eigene Ehemann in Atem hält. Ihre wie seine Phantasie beschäftigt eine kleine weiße, rollende Kugel, die auf einer Drehscheibe in rote und schwarze Fächer fällt und Verlust über Verlust anzeigt, denn Martin verfolgt das Pech. Vom Gold verführt, hat er mit der rollenden, kleinen weißen Kugel gespielt und verloren. Der immer gesteigerte Einsatz war zu hoch, der Verlust zu groß. Das für den Hausbau gedachte Geld, mit dem er das Ersparte vermehren wollte, verspielt, weil er sich verkalkulierte. Seine Verzweiflung führt zur Depression und zu Gundels Wut. Sogar im Traum sieht er die weiße Kugel rollen. Auch Tochter Anne zeigt sich über die „Verantwortungslosigkeit" des Vaters empört. Seine Gier, der gelbe Schein im Rhein, forderte ihn heraus. Hat er sich vielleicht mit Alberich identifiziert?, fragt Margret boshaft.

Auch die Eltern demonstrieren Unverständnis für diesen „Leichtsinn". Da Martin auch noch seinen Ehering verliert, glaubt er darin ein böses Zeichen zu erkennen. Beim Spielen mit dem Enkel war es geschehen. Durch einen kleinen Unfall verlor der Finger an Volumen, und der Ring saß zu locker, Gundel warnte vor dem Verlust, aber sie warnte in tote Ohren. Als spräche sie in den Wind, misst Martin den Worten der Ehefrau keine Bedeutung bei. Vielleicht streifte ein Busch am Rheinufer den Ring ab – offensichtlich blieb er unbemerkt hängen, und der Besitzer sucht vergeblich. Ein Windstoß mag ihn von einem Zweig in den Strom geschleudert haben. „Das Gold verspielt, den Ring verloren", klagt er, und Gundel ergänzt, „Aber die Macht hast du nie besessen". Dass der Mann, statt das Geld für den Hausanbau zu vermehren, verspielte, kann sie ihm nicht verzeihen und lässt ihm ihre Wut über den Verlust deutlich täglich spüren. Martin steht tagelang sinnend an der Stelle, wo er auch noch den Ring verlor, sucht im Gebüsch und träumt vom Gold in der Tiefe des Stroms. Verzweifelt lässt er den Blick im Rhein versinken, als könnte er das Verlorene aus der Tiefe des Stroms zurückgewinnen. Martin befindet sich in einem seelischen Ungleichgewicht und ist von der eigenen Wirklichkeit auf der Flucht. Erst, als am Tag das letzte Licht den Himmel zu glühendem Rot verführt, tritt er den Heimweg an.

Margret zeigt kein Verständnis und glaubt, er identifiziere sich mit Alberich. In seinem Beruf wird er sogar seines fehlenden Engagements wegen gerügt. Die Fakten stehen aufseiten der Anderen.

Auch Margret hat das Geschehen aus dem seelischen Gleichgewicht geworfen. Roberts plötzlicher Abschied, Marias Hochzeit überfordern sie total. Sie bekommt drei Wochen nach Roberts Abschiedsbrief eine Ansichtskarte aus Köln, seiner neuen Wirkungsstätte, mit einer Einladung, nimmt sie von einer Hand in die andere. In den Schulferien soll sie ihn besuchen. Er berichtet von seiner Arbeit, seinem neuen Kollegium. Maria erwähnt er am Rande, spricht von ihren „ungewohnten Pflichten". Ihre zweite Ehe scheint keine Überraschung für ihn darzustellen.

Ein junger Mann kann doch Robert nicht ersetzen! Margrets Gedanken verlaufen sich zwischen Erinnerungstrümmern. Das Paar Maria und Robert wartet in ihrer Phantasie bereits auf die Hochzeit. Margret hasst diesen jungen Mann, ohne ihn zu kennen, weil sie einen Prestigeverlust für Robert darin sieht. Eine totale Verunsicherung ist mit diesen Gedanken verbunden. Gesteht nicht die Schwester, die den Bruder liebt, ihm die Frau zu, die er zur Gattin wünscht? Sie greift sich an die Stirne. Wie paradox! Warum ist sie nicht erleichtert? Warum freut sie sich nicht, dass sich das Kundengeschwätz in Emmas Kaufladen als Lüge, Verleumdung erwiesen hat? Wie paradox! Margret versteht ihre eigenen Empfindungen nicht mehr, gerät in Versuchung, die eigenen Gefühle falsch einzuschätzen. Sie telefonieren in angemessenem Abstand miteinander. Er schickt gelegentlich eine Ansichtskarte. Margret kann sich bei ihrem Beruf, dem Studium, keine Unkonzentriertheit leisten und zwingt ihre Gedanken zur Ruhe, wenn sie gelegentlich auch alle Vorsätze verheizt. Das Studium stagniert in diesem Jahr. Sie braucht wider Erwarten lang, um das geplante Ziel zu erreichen.

In den Ferien wird sie ihn besuchen und an der Abschiedsfeier teilnehmen. Sie hat zugesagt. Noch acht Wochen, rechnet sie, hält den Stadtplan in der Hand. Es ist Sonntag und regnet gerade. Vielleicht werden sie am Rhein spazieren gehen. Sie kennt die Brücke. Der Strom fließt nicht nur unter ihr durch, in der Nähe der Bänke vorbei, er ist ein Teil der Stadt, gehört zu ihr. Jenseits der Brücke kann man von einer der Bänke das Römische und Romanische Köln, von der anderen das mittelalterliche und moderne Köln sehen. Von dort hat sie das Kastell im Blick. Sie erinnert sich an das Glockenspiel am gotischen Rathausturm und den Blick auf das Häusermeer der Stadt.

In ihrer Phantasie gehen sie bereits im Rheinpark spazieren. Margret spürt den Druck seiner Hand, erwidert ihn, und fühlt beim Abschied seine Lippen auf ihren. Ihr Blut gerät in Wallung. Wieder greift sich Margret an die Stirne.

Als am Ende des Schuljahres die Post plötzlich ausbleibt, hat sie sich bereits entschieden, denn sie liebt Robert.

Ist es das Ungewöhnliche oder eine Vorahnung, was Margret so verunsichert? Sie wollten sich telefonisch über den Termin ihrer Ankunft absprechen, aber Robert ist nicht erreichbar. „Kein Anschluss unter dieser Nummer" beunruhigt. Margret setzt sich mit der Universität in Verbindung. Man teilt ihr sachlich mit, dass die letzte Vorlesung vor Ablauf seines Lehrauftrages entfiel, weil der Dozent verunglückte. Nach einem Telefonat mit einem seiner Kollegen, den man zuletzt mit ihm sah, erfährt sie, dass er nicht mit dem

Auto unterwegs war, dass er von einem Spaziergang nicht zurückkehrte. Niemand weiß, wie es zu diesem Unfall kam. Später waren sich Spuren-Experten nicht einig, ob zwei Männer am Rheinufer entlangspazierten. Wie ein Student behauptete, war es schon spät und sehr dunkel, als er in Richtung Strom wegging. Vermutungen und Suchaktion bleiben erfolglos, bis man in beträchtlicher Entfernung seine Leiche im Rhein findet. Er muss sie weit mitgerissen haben, bis sie zufällig ein Fußgänger entdeckt. Sie wird überführt. An der Stelle seiner Abschiedsfeier am Dienstort findet die Trauerfeier statt. Trotz der langen Wartezeit ringt Margret verzweifelt um Fassung. Der unübliche, unstete Blick, das leichte Vibrieren ihrer Stimme beweisen es.

Eine Träne löst sich in einen Wassertropfen auf, fällt auf ihren Finger. Margret zählt die Augenblicke, in denen sie sich auflöst. Niemand beobachtet es. Dann, als befände sie sich in der Mitte eines unvergänglichen Augenblickes, erstarrt die Träne mitten auf der Fingerkuppe. Ihre Lippen blasen sie auf die Rosen, die sie in der Hand hält. Sie legt sie, nachdem die Trauergäste die Grabstätte verlassen haben, auf das Grab und geht. Roberts Assistentin sieht sie von Weitem.

Immer wieder wehrt sie den Gedanken an das „reine Gold", das sie als Liebe im Sinne des „Rheingold" interpretiert, ab. Er drängt sich mit dem an ihre fiktive Gestalt Josef auf, zumal der Priester bei der Trauerfeier „Gott ist die Liebe" betont. Aber die Kraft des Dennoch ist stärker als ihr Appell an die Vernunft. Als Maria plötzlich zusammenbricht, selbst ihrem Gatten ein Rätsel aufgibt, schleicht sich zum zweiten Male ein leiser Zweifel vorsichtig durch ihr Denkgebäude. Margret hat Roberts Assistentin noch nie so verzweifelt und unbeherrscht erlebt. Als wäre Margret Ursache seines Unfalls, hört sie ihre Stimme anklagend: „Er wollte euren Spaziergang probeweise vorwegnehmen", ihr Ehemann trägt Maria mit einem Helfer weg, noch ehe Margret antworten kann.

Der nächste Einkauf bei „Tante Emma" beweist, dass Margrets Umwelt mehr weiß, als ihr bekannt ist. Emma bedauert ihren Verlust, spricht von der „großen Liebe". Ob sie von Gundel über ihre Unentschlossenheit informiert wurde, lässt sich nicht so genau feststellen. Dass Margrets Entscheidung zu diesem Zeitpunkt längst gefallen ist, kann auch Gundel nicht wissen. Margret wollte sie bei dem geplanten Treffen Robert mitteilen. Aber Gundel kennt natürlich Martins spitzmündige Vermerke. Emmas Credo über die Funktion der Ehe ist den Kundinnen kein Geheimnis geblieben. Emma hält die Ehe für Gottes Werk, aber sie schließt den Beitrag des Teufels nicht aus, und Margret denkt an Alberichs Triebhaftigkeit, was immer den gleichen Gedanken nach sich zieht. „Aber Robert doch nicht!" Als Zynismus empfindet sie es. Sie hält zwar den Einfluss des Älteren, Erfahrenen für verständlich, aber sie hat sich daran gewöhnt, adoptierte Vorstellungen, Meinungen auf den Wahrheitsgehalt hin zu überprüfen. Sogar ihre Beschwichtigungssucht bleibt oft wirkungslos. Um den einzigen Mann, den sie liebt, nicht zum zweiten Male zu verlieren, wollte sie sich auf seinen Wunsch einlassen. Martins Spitze sticht schon immer in diese Wunde. Emma weiß von Martins Film und dessen Spöttelei, weil Margret das zentrale Wort dem Strom anvertraut und mit der Wendung „reines Gold" spielt, bis der Ring, den ein bitterer Geschmack anhaftet, eines Tages zum Fluch wird. Auch seit Roberts Tod fällt das Wort „Liebe" gelegentlich verfremdet aus dem Kontext. Marias Zusammenbruch, für den sie noch keine Erklärung findet, fällt immer wieder in ihr Denken. Roberts Tod traf sie seelisch so, dass sie tagelang im Krankenhaus behandelt werden musste, dem Ehemann wie ihr Rätsel aufgibt.

Auch während der Ferien dauert es lange, bis wieder Stunde um Stunde aus dem Tag wächst, ohne dass sie sich die nötige Konzentration erzwingen muss, weil sich im Strom der Erinnerung ihre Hand in seine schleicht, bis die Zeit einrastet.

Ja, Roberts Tod gibt allen, die ihn kennen, wie Marias Missgeschick ein Rätsel auf. Es werden sogar Stimmen laut, die ein

Verbrechen vermuten. Martin vermutet, dass sie der Himmel hinters Licht führte, weil sie das entscheidende Wort so lange ihrer Zunge nicht zutraute, bis Robert der Rhein in Besitz nahm, den sie so leichtfertig der Anderen überließ. Welcher Mann richtet sich in diesem Falle so lange im Ungewissen ein?, denkt er. Auch Margret spürt, dass Maria mehr mit Robert verbindet als sie vermutete. Ihr Zusammenbruch beweist es. Eine Romanze schwebt nicht über ihr, außer Maria würde die Hauptrolle darin spielen. Aber Margret kann sich Marias überstürzte Hochzeit in diesem Zusammenhang nicht erklären. Sie, Margret, hat zwar den einzigen Mann verloren, den sie wirklich liebte, aber sie hätte ihn als Bruder, Vater nicht weniger geliebt. „Der Mensch besteht eben aus Körper, Geist und Seele", bemerkt Martin anzüglich. „Aber das hätte doch nichts an seinem Unfall geändert", verteidigt sich die Betroffene, denn auch die Eltern stimmen seiner Meinung zu.

V. Eine andere Art zu atmen

Da in Gundels Vorstellung der materielle Gewinn dominiert und sich deren Ziele immer auch danach ausrichten, versucht sie die Rückzahlung der Kredite zu verzögern, sogar abzuwenden, und gerät nach dem Hausanbau fast mit dem Gesetz in Konflikt, was sich auf Martins Stellung im Beruf negativ auswirkt. Sein Ärger darüber verschlechtert das Eheklima erheblich. Martin widmet jede vom Beruf freie Stunde seiner Arbeit an seiner Bilderwelt. Er fühlt sich in der Rolle des Hobby-Regisseurs recht wohl und kehrt, wie es Tochter und Schwiegersohn formulieren, der Familie den Rücken. Wotan und die neu erbaute Götterburg auf hohem Ton im Ohr, spaziert er stundenlang am Wochenende mit der Kamera am Rheinufer entlang. Wotans hoher Bass ertönt auf allen seinen Wegen: „Abendlich erstrahlt der Sonne Auge, in prächtiger Glut prangt glänzend die Burg." Dann fällt es ihm ein: „Nicht wonnig wird sie gewonnen."

Über ihm taumelt ein Wolkenhimmel und Lichtreflexe durchzucken ihn. Der Abend gibt sich ungewöhnlich schwül-warm, ungewohnt für diese Jahreszeit. Obwohl seine „Woglinde", die Frau im goldfarbenen Zweiteiler, nicht anwesend ist, hört Martin den Gesang der Rheintöchter, wo der Strom wellt, wogt, schäumt: „Rheingold! Rheingold! Reines Gold! O leuchte noch in der Tiefe dein lautrer Tand! Traulich und treu ist's in der Tiefe, falsch und feig ist, was dort oben sich freut." Martin ist beschäftigt, seine Bilderwelt nähert sich dem Ende. Sie bietet ihm die Möglichkeit, von allen Widerlichkeiten wegzudenken.

Jeder ahnt, dass Maria zu scheitern droht. Der Ehemann aber vermochte die Katastrophe abzuwenden. Sie adoptieren einen Buben in Heinis Alter, der seit dem Tod der Pflegeeltern, einer Lehrerin und einem Gymnasialdirektor, in einem Kinderheim lebte. Dass sie Ähnlichkeiten im Erscheinungsbild mit Robert zu entdecken glaubt, kann man auf ihren psychischen Zustand zurückführen. Sie schweigt darüber. Die neuen Aufgaben fordern sie. Das soziale Engagement soll heilend wirken.

Margret arbeitet in Beruf und Studium, als wolle sie verlorene Zeit einbringen. Maria begegnet sie in dieser Zeit nicht, und Martins verzerrter Klang seines Lachens über das Gerücht schärft nur Gundels Gaumen zu stimmloser Bosheit. Seit er den geplanten Anbau vereitelte, ist der Familienfrieden gestört. Alle versuchen zwar, beruflich das fehlende, verspielte Geld wieder einzubringen, aber die Großmutter, der der Enkel zu diesem Zweck anvertraut wird, fühlt sich überfordert. Heini hält sie in Atem.

Margret kümmert sich in dieser Zeit nicht einmal um die Eltern, die sie zwar nicht brauchen, aber sie als entfremdet empfinden. Sie geht in dieser Zeit mitten durch ihre Einsamkeit. Leere breitet sich aus, obwohl sie sorgfältig ihrer Arbeit nachgeht. In der Freizeit begleitet sie ihre Weggefährtin Agnes. Sie weiß, dass sich das Wort, um das es geht, verstiegen hat, in einer Sackgasse gelandet ist. Roberts Tod löscht alle unscharfen Begriffe zu diesem Thema. Sie glaubt es jedenfalls.

Da Margret an einer Fortbildungstagung für Musik in der Beethoven-Stadt teilnimmt, ergibt sich die Gelegenheit, Roberts Haus anzusehen, in dem sie wie Maria ein Ferienquartier hätte beziehen können. Sie vermied zu jener Zeit alles, was ihre problembeladene Beziehung verstärkt hätte. Maria nahm die Gelegenheit für zwei Wochen wahr. Roberts Abwesenheit war berufsbedingt. Eigentlich will Margret Martins Vermutung, Maria würde mit ihrem zweiten Ehemann zurzeit den Urlaub dort verbringen und Formalitäten für Robert erledigen, widerlegen.

Das Haus liegt außerhalb der Stadt in Rheinnähe und ist verschlossen, als sie dort eintrifft. Offensichtlich wollte der Tote dort wohnen, eine Familie gründen. Warum zog auch ihn der Rhein an, der Strom, der sein Leben forderte? „Paradox", sagt Martin, als er es erfährt. Immer, wenn es um Robert geht, signalisieren seine regengrauen Augen Misstrauen. Margret telefoniert wie versprochen, aber sie stellt die abrufbereite Frage auf ihren Lippen nicht. Erst später setzt die Stille ihre Gedanken frei. Das Haus erinnert sie an ihre Zerreißproben ausgesetzte Beziehung, weil sie Erinnerungen anspringen. Ihre Liebe, der Ring aus „bestem Gold", ihr Zögern und die Angst vor dem mit dem Begriff der Macht verbundenen Reif, und immer Martins ironisch getränkter Pfeil, der sie trifft. Als würde sein Film, seine Inszenierung das Geschehen beeinflussen, das „reine Gold" ins Spiel bringen.

Margret hat nur Zeit, wenn nach der Fortbildung kein Beethoven-Konzert stattfindet. Erst beim zweiten Besuch erfährt sie, dass Maria und der Ehemann das Haus zu kaufen beabsichtigen. Robert, nicht auf den plötzlichen Tod gefasst, bestellte noch keinen Erben.

Warum Maria Ernst und nicht Robert heiratete, bleibt für Margret unerklärlich, denn sie glaubt in Marias Zusammenbruch den Beweis für deren Beziehung zu Robert zu finden. Beide kannten sich sehr lange, bevor sie seine Assistentin wurde. Margret bemüht sich, keine der sich häufenden Fragen mehr zuzulassen. „Aussteigen", sagt sie leise „abspringen und fliegen".

Ja, fliegen. Ein Traum erfüllt ihren Wunsch. Der Riesenvogel wartet auf dem Rollfeld auf sie. Leises Surren, Summen, gedrosselte Kraft, bis er hochsteigt, die Erde unter ihr versinkt. Ihr gieriger Blick umfasst einen Bilderbogen aus Bergriesen, Inseln, Buchten, Städten und Flussschleifen. Sie schwebt immer der Sonne entgegen. Das Licht ist es, das das Farbflimmern bewirkt, Farben sichtbar werden lässt. Dann ein Rauschen im Gewölk. Quellartige Gebirge wachsen aus der Wolkendecke, bevor die Turbulenzen-Zone beginnt. Vergangenes steigt mit den Farben, dem Licht und mit den Turbulenzen im Grau aus dem Nichts, beunruhigt, erzeugt Angst, die sie noch beim Erwachen spürt.

Verdeckt Liebe wirklich die negativen Seiten der geliebten Person? Verblendet sie, weil die Aufmerksamkeit auf die geliebte

Person fixiert bleibt. Liebe ist eine Art Eintracht. Vielleicht wird sie nach langer Trennung zum Sickerwasser. Daher ihre Reise nach Land's End, aber die Entfernung brachte nicht den Erfolg. Sie denkt an Spinoza, der Liebe für Lust hält. Maria vertritt diese Meinung und Martins Vorstellung entfernt sich wenig, aber man sollte Liebe nicht mit den möglichen Folgen verwechseln, denkt Margret und vergisst beim Anziehen das Hemd, muss sich wieder umziehen. Die Reise blieb als Heilmittel wirkungslos. Rechtfertigungsversuche aller Art stürmen auf sie ein. Sie zweifelt daran, dass sie Robert aus gesunder Perspektive sah. Der Begriff „geistige Verengung" schleicht sich wieder in ihre Gedanken. Sagte nicht Dante, dass Liebe die Sonne bewegt? Verzweifelt versucht sich Margret vor sich selbst zu rechtfertigen. Roberts Tod kann nicht geklärt werden. Die Fußspuren bringen keine Klarheit. Niemand wusste, wer der Begleiter hätte sein können.

Am letzten Tag besucht sie mit der Gruppe die Ruine, spaziert durch den Hofgarten und besichtigt den Bundestag, ohne den Gedanken an Robert und ihr Problem lösen zu können. Selbst die Konzerte am Abend mischen sich in ein Drängen, Drohen, Grollen eines unsichtbaren Orchesters, als kämen sie aus der Tiefe des Rheins.

Margret lässt zum Abschied noch einmal den Blick über den Strom schweifen. Er erscheint hier trüb und ölig, was ihr zu Hause kaum auffällt. Ihre Gedanken fließen mit ihm. Robert beim Hauskauf. Wusste es Maria?

Wir lieben doch auch unsere Eltern, die Musik, Kunstwerke, und wir sprechen von Gottesliebe. Die Gedanken zu diesem Thema überfallen sie, lassen keinen fremden Gedanken zu. Warum hat Maria Roberts Tod psychisch überfordert? Auch sie bedauert seinen Tod, leidet darunter. Der Verlust hinterlässt eine Leerstelle, die nichts zu füllen vermag. Aber warum war Marias Körper mit betroffen? Er muss mit ihrer Liebe verbunden gewesen sein. Davon geht auch Martin aus. Margret seufzt, hält sich die Ohren zu, als könnte sie die Klagen der Rheintöchter abwenden, die ihr

Ohr belästigen: „Traulich und treu ist's nur in der Tiefe, falsch ist, was dort oben sich freut." Kontrabass und Bratsche begleiten sie. Robert, der Gedanke verfolgt sie, fiel ausgerechnet in den Rhein. Warum?

Margret kann nicht mit der Gruppe an der kleinen Abschiedsfeier teilnehmen. Nur mit einem Blick auf das Wellen, Wogen des Stroms glaubt sie mit Robert, der längst in der Erde ruht, allein zu sein. Es wird nie mehr einen Mann geben, den sie lieben kann. Warum aber hat Maria einen anderen Mann geheiratet, noch ehe sie Roberts Tod traf? „Niederschmetterte", sagte Martin. Er ist von seiner körperlichen Vereinigung Beider überzeugt. „Sonst wäre es nicht zu einem Zusammenbruch gekommen." Margrets Liebe soll als „reines Gold" in den Tiefen ihrer Person weiterleben.

Auch seit bestandener Promotion atmet sie in berufsfreier Zeit mit Stift und Pinsel.

„Es hat klare, lebhafte Augen, das Pferd", sagt Josef, denn Agnes soll es reiten. Er spricht von Mut und Intelligenz, den großen weiten, dehnbaren Nüstern, die das Pferd zu großen Anstrengungen befähigt, die edle Pferderasse begründet er mit dem langen, schlanken Hals. Sie reiten im Gelände im Schritt oder im Trab, aber Reinhard lässt sich nicht überreden.

Mischt sich Robert in ihre Gedanken, dann versucht sie ihn mit dem Pinsel aufzuerwecken, ihre im Bild erstarrte Vorstellung von seinem Wesen darzustellen. Nie wäre er aus der Rolle gefallen. Seine Konsequenz, seine Disziplin kannte jeder wie sein immer freundliches, hilfsbereites Verhalten. Margret versucht ihn zuerst mitten in die Natur zu stellen. Über ihm schiebt die Sonne eine müde Wolke vor. Vor dem Fenster streicht gerade die Stimme einer Amsel ihr Wort: „Schwierig!" Es bezieht sich auf die Darstellung seines Körpers. Ihr Gemälde ist ein Spiel zwischen Erinnern und Vergessen. Robert lebt. Situationen und Gespräche wölben sich über dem aus Pinselstrichen entstandenem Portrait. Zu seinem Körper aber fehlt ihr die Beziehung, als versagte plötzlich die Erinnerung, als hätte sie nur Roberts Kopf, sein Wesen im Gedächtnis gespeichert. Das Kreuz muss eben nicht immer aus dem gleichen Holz bestehen, fährt es ihr durch den Kopf. Die lange verzögerte Entscheidung, das Überspielen der Problematik nagen am Gewissen und das Zittern ihrer Hand, die den Pinsel hält, führt sich auch ohne ihre Einwilligung auf. Wenn sich der Pinsel auch manchmal versteigt, so gelingt es ihm doch, Roberts Wesenszüge, den eigenwilligen Zug um den Mund einzubringen. Festigkeit und Konsequenz, Unnachgiebigkeit und den verständnisvollen Blick, den sie immer wieder korrigiert hat.

Gundel, die ein Gewürz einzukaufen vergaß, und es bei Margrets Eltern ausleihen möchte, stellt auf ihrem Portrait eine „angesäuerte Miene" fest, die sie bei Margret erzeugt. Sie klagt über Martins Zeitverschwendung, da er freie Minuten seiner Bilderwelt unter Wasser opfert. Sie nähert sich dem Ende, und der Tag der Vorführung vor der Jury ist in einer Woche festgesetzt. Sie beklagt auch seine Angst vor einer schleichenden Krankheit, wie er glaubt, die ihn fast um den Verstand bringt. Ist es die verkaufte Leiche, die er zu Lebzeiten zur Verwertung nach dem Tod freigab? Der medizinische Test liefert trotz besorgniserregender Symptome keinen Beweis für eine Bedrohung. „Ein eingebildeter Kranker", sagt Gundel.

Die Kommunikation mit der Tochter gelingt meist weit besser. Eine Stunde später erörtert Gundel Anna bereits die Wirtschaftsmisere. Martin hört gerade: „katastrophale Lage". Das Wort „schleppend" bleibt dominant, solange es um Verzögerungen in der Finanzpolitik geht. Gundel beklagt die Reallohnentwicklung und ärgert sich über die falschen Prognosen. „Das Wachstum muss von 1,3 auf 1,1 nach unten korrigiert werden." Ihr Atem pfeift hörbar, dass es nach allen Seiten spritzt. Anna brummt etwas von Abwärtsrisiken, hat von den Turbulenzen an den Finanzmärkten gelesen. Sie glaubt den Optimismus des Wirtschaftsministers zu kennen, ist mit der Schuldenbremse nicht einverstanden, denn Gundel hält das Festhalten an der „Schwarzen Null" für investitionsfeindlich.

Martin, der sich gerade umzieht, hört Gundels Kritik lautstark durch die verschlossene Türe: „Es müsste viel mehr investiert werden!" Anna interessieren die Streiks, die Unzufriedenheit der einzelnen Berufsgruppen. Die Mutter schlägt Holzheizung im Kamin statt Heizung mit dem „viel zu teurerem Öl" vor, und verweist auf die bereits angelegten Holzvorräte. Sie tröstet die Tochter, die über zu kalte Räume im Winter klagt. „Gemütlich, aber billiger!", empfiehlt sie und warnt die zur „Verschwendungssucht" neigende Tochter, fürchtet neue Kosten, die auf die Familie zukommen, Gebühren für Kontoführung und Kreditkarten, die erhoben werden. Anna würde gerne den Hausanbau vorantreiben, aber die Mutter warnt: „Keine neue Verschuldung!" „Es soll kein kostenloses Konto mehr geben", stellt sie fest, „und die „Jahreskarte für die Bankkarte wird angehoben". Von den angehobenen Kosten für die Kreditkarte weiß Anna bereits und von der Einführung negativer Zinsen hat sie gehört. Sie rät des fallenden Zinsniveaus wegen, den Anbau sofort mit aufgenommenen Krediten zu zahlen.

Das Denken beider Frauen ist auf Profit gerichtet. Martin, von Gundels Gier infiziert, hat sich nicht selten bei der Aufnahme von Krediten in Risiken eingelassen.

Es ist nicht allein Richard Wagners Musik, die Martins Familie wie Margret fasziniert, dass sie immer wieder Probleme und Wünsche mit „Rheingold" in Verbindung bringt. Der Vorabend zum „Ring" weckt in ihnen Begierden, die längst in ihnen schlummern und durch Martins Filmidee offenbar werden. Er will seiner gierigen Frau imponieren und hofft wie andere Bewerber auf einen Preis, um seinen Kredit zurückzahlen zu können, den er zum Anbau des Hauses aufgenommen hat. Die Musik aus dem CD-Player scheint diesen Goldrausch auszulösen. Nur der Enkel Heini, durch Marias Adoptivsohn Josef angeregt, versucht die Oma zu sozialem Engagement zu motivieren, indem er ihr in der Vorweihnachtszeit die Sammelbüchse vor die Nase hält und um Spenden für Hungernde bittet. Den Buben Heini und Josef steht die Aufnahmeprüfung in ein Gymnasium bevor.

Dass Maria Robert in Josef liebt, fällt sogar Gundel auf. Sie ist zu jedem Opfer für den Adoptivsohn bereit. Martin spöttelt: „Im Gegensatz zu Margret hat Maria Robert mit Leib und Seele geliebt. Das hält länger." Warum er sie aber an Ernst verkuppelte, statt sie selbst zu heiraten, versteht er auch nicht. Aus einem Gespräch mit der Pflegemutter geht hervor, dass jene Lehrerin das Kind bewusst vom Vater fernhielt. Robert konnte sich somit nicht früher um Josef kümmern. „Das Wort Liebe ist eben etymologisch vieldeutig", betont er. Er spielt auf Margrets Behauptung an, die „umringen" im Sinne von „beaufsichtigen" erkennt und mit Macht in Verbindung sieht, was Martin mit dem entdeckten Beobachter in Land's End in Zusammenhang bringt. Ein schallendes Lachen quittiert den Verdacht. Dass Maria mit der Adoption mitten im Begriff „Nächstenliebe" landet, kann nicht einmal Gundel bezweifeln. Im Rhythmus unhörbarer Klänge schleicht sich so das „reine Gold" immer wieder in die Ohren der Betroffenen. Die Hoffnung auf materiellen Gewinn stimmt sogar Gundel versöhnlich. Sie soll Maria fragen, ob Liebe im umfassenden Sinne Lebensenergie freisetzt oder diese Liebe ermöglicht.

Das Kind fällt Margret auf, weil es sie neugierig anschaut und grüßt. Maria scheint ihn informiert zu haben. Robert? Sie stellt sich die Frage nur in Gedanken, aber er sagt laut: „Ich heiße Josef." Margret empfindet den Buben als Roberts kleines Abbild, so unverwechselbar ähnelt er ihm, die braunen Augen, das penibel gescheitelte Haar und der ernsthafte Zug um den Mund. Es ist der Ausdruck eines Erwachsenen. Josef kauft einen Radiergummi und einen Schreibblock ein, um sie Maria auszuhändigen, die unter den Zeitungen eine bestimmte zu suchen scheint. Die Frauen begrüßen sich, Margret kann Erstaunen, Verwunderung nicht verbergen. „Er sieht Robert so täuschend ähnlich", stammelt sie und Maria antwortet lächelnd: „Ja, er ist das Ebenbild seines Vaters, auch in seinem

Wesen". Ob Margrets Zusammenzucken, ihr plötzliches Erbleichen Entsetzen oder nur Erstaunen demonstrieren, hängt von der Interpretation der Gesprächspartnerin ab. Marias Lächeln vertieft sich: „Ernst sagt das auch", stellt sie fest, was sofort die Frage auslöst: „Kannte er ihn?" Margret erfährt auf Umwegen, dass Marias Ehemann Roberts Assistent war, noch ehe er in diese Stadt kam. Robert versorgte das Kind, als hätte er seinen Tod vorausgesehen. „Fügung" nennt es Maria. Seine leibliche Mutter scheint tatsächlich jene Lehrerin gewesen zu sein, deren Ehemann Josefs Pflegevater. „Warum heiratete Robert die Mutter seines Kindes nicht?" Fragen stürmen auf Margret ein, erzeugen Turbulenzen in ihrem Denken. Ehe sie sie stellen kann, fordert sie die Antwort aus Marias Mund heraus: „Er wusste nicht, dass sie verheiratet war. Das Kind blieb bei der Mutter, bis zu deren Tod." Marias Feststellung löst in Margrets Kopf ein Gedankenchaos aus. Maria gibt sich sachlich, nüchtern. Dann berichtet sie über ihre Nachhilfe für Josefs Übertritt in ein Gymnasium, denn Josef gilt als intelligent und strebsam und soll die Reifeprüfung ablegen und dann studieren. „Dazu ist er doch seinem Vater verpflichtet", sagt sie. Dass er problemlos diese Ziele erreichen wird, hat sie längst erkannt.

Es ist die Zeit, in der Martin, vom Tauchen fasziniert, mit seinem Lehrer, mit dem er jetzt befreundet ist, wieder die Tiefe sucht.

„Traulich und treu ist's nur in der Tiefe, falsch und feig ist, was oben sich freut", hört er Woglinde singen. Sie erreicht das hohe a, das auch am Schluss im Orchester dominant bleibt.

Martin hat sich einen Taucheranzug mit Wärmeschutz zugelegt, seit er die Gefahr der Unterkühlung am eigenen Leib erfahren muss, weiß er, dass der Körper Temperatur durch Sauerstoffverbrennung ausgleicht. Dadurch wird die Atmung erschwert, was zu Muskelstarre bis zu Lähmungserscheinungen führen kann.

Eigentlich ist Martins Grundeffekt die Angst. Daher kann er Alberich verstehen, der den Verlust des Goldes fürchtet. Auch Mime ist beunruhigt. Die Wasserjungfrauen fürchten die männliche Gestalt.

Sie entziehen sich, fürchten eingefangen zu werden, während Alberich mit dem Verlust des Goldes jede Chance, eine von ihnen zu erhaschen, schwinden sieht.

Angst bewegt die Handlung. Martins Spöttelei bezieht sich auch auf Margrets Furcht vor der Macht, die mit dem Ring verbunden ist. In der Musik beweisen es Dissonanzen, die an diesen Stellen dunkel gefärbten, getrübten Klängen das Tremolo des Streichorchesters vielleicht. Auch Wotan bleibt nicht verschont. Wo die Macht verlorengeht oder sich der Verlust ankündigt, ist Angst im Spiel. Dann werden Becken und Tamtam eingesetzt. Alberich spricht von einem „bangen Tag", fürchtet Ungewisses, das auf ihn zukommen könnte. Das fürchtet auch Martin, der um seine Gesundheit bangt und Gundel mit Geld zurückzugewinnen glaubt. Dieses Grundelement Angst ist die Ursache, warum der Hobby-Regisseur mit Hell und Dunkel in seinem Film oder seiner Bilderwelt arbeitet. Er lässt das Licht im Bild wie es in der Musik geschieht, flackern, aufflammen, leuchten, flimmern, leuchten. Es unterstützt die bewegte Chromatik der Klänge.

Auch Farben setzt er ein, den Stand der Sonne, einen eindrucksvollen Sonnenauf- oder Untergang, das sich im Licht verändernde Wasser oder die Farben der Blumen, Gräser und Bäume. Das Leuchten aus der Tiefe schreckt und lockt ihn sogar im Traum.

Seit sich zwischen seinem Körper und dem Anzug eine Wärmeisolierung befindet, hat er das Frösteln überwunden, und Martin wagt es, länger unter Wasser zu bleiben, um zu filmen, weil er die Gewissheit besitzt, seiner Gesundheit nicht zu schaden. Er nimmt seinen komprimierten Luftvorrat in der Flasche mit unter Wasser.

Während Martin vom Glück in der Tiefe singt, redet die Ehefrau wieder von der „Schuldenbremse" und „Schuldenfalle" und vor allem über das Gold. „So anspruchsvoll bin ich nicht, dass es rein sein muss", lacht sie. „Zum Golde drängt doch alles", glaubt sie. Sie weiß auch, dass „Gold die Sonne und der Dollar der Mond ist". Martin kennt ihre Sprüche bereits, dass Gold den Herrscher erst zum König mache. Gundel träumt von „goldenen Zeiten". Die Tochter, von ihr beeinflusst, glaubt auch an die Macht des Goldes. Aber es ist nicht alles Gold, was glänzt, und nicht alles glänzt, was Gold ist, bremst der Vater, der immer noch vom Leuchten in der Tiefe schwärmt. Den sozialen Aspekt bringt Heini ein: „Wenn du den Schatz findest, gibst du dann meinen Freunden, dem Fritz und dem Hubert, etwas davon? Fritz hat keinen Vater mehr und Huberts Mama ist so arm, dass sie manchmal nicht einmal das Mittagessen zahlen kann." Gundel begnügt sich mit einem Wort als Antwort: „Spinner!", und Martin zerstört dessen Illusion mit nur einem Satz: „Was nicht da ist, kann man doch nicht heben!"

Bei einem Besuch Margrets in Martins und Gundels Haus führen sie der Besucherin eine neue Tapete vor, die Gundel preiswert kaufte und mit dem Mann zusammen die alte Tapete im Kinderzimmer überdeckte. Sie tapezieren. Margret zuckt zusammen, weil sie diese Tapete an eine Wochenendfahrt mit Robert erinnert. Sie beschließt von Sonnenaufgang bis Untergang den Spuren zu folgen, um loslassen, abspringen zu können.

Dass nicht nur alles, was Gold ist, glänzt, sondern auch wertloser Schmuck in allen Farben zu strahlen vermag, erkannte Martin bereits, als er bei seinen Tauchgängen Gundels Brosche und seinen später verlorenen wertlosen Ring fand. Seine Frau ersetzte die kitschige Brosche längst durch ein geschmackvolleres Schmuckstück. Nie dachte er aber daran, dass ihm der Strom seinen verlorenen Ring zurückgeben würde. Trotz der materiellen Wertlosigkeit, verbindet ihn etwas Unerklärliches mit diesem Gegenstand.

Das durch den Schiffsverkehr stark verunreinigte Wasser behinderte die Sicht unter Wasser. Da er Tauchen gelernt hat und selbst seinen Tauchlehrer in Erstaunen versetzt, taucht er noch einmal vor Beendigung seines Films, und diesmal allein. Für sein optisch abstraktes Phänomen setzt er Verfremdung, Übertreibung, Überschärfe der Darstellung oder Verschattung ein. Er leiht von seinem Tauchlehrer eine Lochblendenkamera, um durch die punktförmige

Wahrnehmung scheinbare Bewegung in anderer Form zu schaffen: Auf- und Abtauchen der Wasserwesen, die Tänze und Fangspiele der Rheintöchter.

Martin experimentiert mit Strukturen, Formen, frei vom Gegenständlichen. Auch Fotomontage wird eingeplant, und vor allem die Lichtwirkung.

Mit Sauerstoffreserve folgt er immer dem Leuchten, das er vor sich zu sehen glaubt. In Licht und Schatten getaucht, schwenkt er sein Objektiv auf und ab, lässt Pflanzen wachsen, Fische schweben und filmt wildwucherndes Strauchwerk in einer Mulde. Später weiß er nicht mehr, ob er dieses Meeresleuchten nur träumte. Algen schweben frei im Wasser, als hätte sie Chlorophyll in gelben Farbstoff getaucht. Aber auch Xanthophyll ist für Pflanzenfarben verantwortlich. Blaue, rote, braune Farben mischen sich in das leuchtende Gelb. Er ist mit dem Strom allein und nimmt sich Zeit. Es ist windstill, zu dieser Zeit stört kein Schiffsverkehr, und daher sind Gefahren dieser Art gebannt, zumal auch die Strömung verhältnismäßig gering scheint. Eigentlich ist auch an dieser Stelle Tauchen verboten, aber niemand überprüft an so entlegenem Ort das Einhalten des Verbotes. Plötzlich überspült ihn eine Glückswelle. Im wildwuchernden Gesträuch hängt der versunken geglaubte Ring. Er lässt ihn in seinen verschließbaren Brustbeutel gleiten. Unebenheiten an Ufernähe lassen neben Strauchwerk Algen, Algenpilze an den Rändern zu. Benommen, als wäre er betrunken, taucht Martin auf, fällt halb bewusstlos ins Gras. Hätte er nicht den Ring im Beutel gefunden, müsste er an einen seiner Träume denken.

Je länger Martin mit seiner Bilderwelt beschäftig ist, umso intensiver spürt er die dramatische Gestalt des Vorspiels. Es gelingt ihm, musikalische Einfälle, Motive wie ungewöhnliche melodische Wagnisse wahrzunehmen. Um dramatische Ballungen aufzulösen, setzt der Komponist oft reine Diatonik ein. Die melodische Polyphonie wirkt wie ein Klangrausch. Komprimiert folgen kurze Motive aufeinander und erzeugen ein symphonisches Gewebe. Aus der orchestralen Flut wachsen einzelne Singstimmen. Die lichtdurchflutete Tonart entspricht den Neckereien, der verspielten Art der Rheintöchter.

Im Bild strömen kleinste Teilchen von der natürlichen Lichtquelle, der Sonne, oder unter Wasser von der künstlichen Lichtquelle, mit Energien beladen, und transportieren sie zwischen die sich im Tanz Bewegenden, verwandeln die spielenden Rheintöchter in Lichtgestalten.

Die Musik verlebendigt die Bilder, die Bilder die musikalischen Eindrücke. Die Beziehung zwischen oben und unten geht vom Orchester aus. Es ist eine schicksalhafte Beziehung, denn es kommt den Wasserwesen auf das „reine Gold" in der Tiefe an, nicht auf einen rein materiellen Wert. Ein Geschehen auf zwei Ebenen prägt die Musik, zwei Ebenen, die sich berühren und verwechseln. Obwohl es brodelt, kocht, wellt und kracht, durchleuchtet der helle Schein aus der Tiefe den Strom. Erstrebenswert erscheint Alberich Geld und Macht, ohne den Verzicht auf Liebe. Den Hobby-Regisseur reizt diese mythische Welt. Trotz des zauberhaften Reizes spielender, neckender Nymphen dominieren Gier, Rücksichtslosigkeit und Leidenschaft. Der dramatische Grundgedanke in der Musik ist nicht überhörbar. Erschrecken und Angst, Klage über den Verlust des Goldes auf der Bühne wie in der Musik gehören zu der Orchestersprache des Vorspiels, und Martin will die Musik, den Melodienbogen in Bildern einfangen. Das für den Komponisten charakteristische Wagnis der melodischen Parallelität von oben und unten, die gleichzeitige Vertonung beider Ebenen, wie Martin es zu hören glaubt, die dem Hörer volle Konzentration abverlangt, ihn am Leben der Wasserwesen in der Tiefe, wo sich der Schatz befindet, wie an der Oberfläche, teilnehmen lässt. Eine Atmosphäre des Schreckens und der Angst löst die Klage der Rheintöchter aus. Martin schafft bei der Bebilderung durch Lichtreflexe, Lichtwirkungen große Probleme. Sein Ziel ist es, die Musik des Vorspiels zu dem großen Musikdrama „Der Ring" durch seine Bilderwelt zu veranschaulichen, und zwar in abstrakter Form. „Ich höre diese wunderschönen Melodien, die Orchestersprache mit den Bildern", behauptet er.

Auch Margret träumt. Ist es Robert oder Josef, der „Gott ist die Liebe" sagt und „Sonst wäre der Mensch nicht liebesfähig"? Ein trübes Wochenende steht bevor, und Agnes lernt bei Josef unter Margrets Regie reiten. Reinhard will ungestört korrigieren und schickt die Familie zu seinem Stiefbruder ins Gebirge.

Dass sie Josef, den Reiter und Meister der Anpassung und Diplomatie mit Robert, den Nichtreiter identifiziert, wird ihr nicht sofort bewusst. Aber Beide besitzen die Fähigkeit, sich durchzusetzen, ohne jemanden zu beleidigen, zu verärgern. Margret erinnert sich an die eigenen Reitstunden kurz vor ihrer Promotion und an den geliebten Freund, der sich aus ihrem Denken nicht verdrängen lässt. Sie kann nicht loslassen. Wie sollte sie fliegen?

Agnes Reiterlebnisse beginnen mit der großen und kleinen Volte, bis sie problemlos eine Schlangenlinie reiten kann. Der Handwechsel ist mit persönlichen Erlebnissen verbunden, weil sie das Pferd beim Richtungswechsel ins Gras warf. Sie hört den Reitlehrer rufen: „Wendung auf der Vorderhand!", erinnert sich noch an die ungeschickte Betätigung der Schultern. Agnes lässt sie zuerst im Schritt üben. „Schritt am langen Zügel", tönt die Stimme des Reitlehrers, und sie lässt Josef Hilfen geben. „Zwanglos reiten, gleichmäßiges Tempo", empfiehlt er Agnes. Für Geländereiten soll die Schülerin auch leicht traben üben. Mit dem Galopp lässt sich der Lehrer Zeit, will Unfälle vermeiden.

Margret versucht unbewusst ihre Probleme schreibend zu bewältigen, wieder ruhig atmen zu üben. Mutter und Sohn sind glücklich unter Josefs Führung, unter seiner liebevollen Betreuung. Margret muss sich langsam an die Reitstunden in der Erinnerung, an das Pferd in der Phantasie gewöhnen. Selbst der Gebrauch des inneren Zügels erscheint ihr fremd, als hätte sie ihn nie praktiziert. Mit dem Schenkel am Gurt treiben, fällt Agnes nicht schwer, aber es dauert

Wochen, bis sie im Gleichgewicht im Sattel sitzt, den Schwerpunkt nach innen zu verschieben vermag. Erst dann wagt es Josef, mit Mutter und deren Sohn ins Gelände zu reiten. Margret atmet tief. „Josef hätte auf mich gewartet", sagt sie leise.

Der Wecker läutet, aber es ist noch dunkel. Viermal schlägt es in die Stunde. Margret springt auf. Sie will einen Tag lang ihren Spuren mit Robert in ihrer Geburtsstadt folgen. Er beabsichtigte, sich bei dieser Gelegenheit Unterlagen aus dem Archiv zu besorgen. Da sie nicht gerne große Strecken allein mit dem Auto fährt, benützt sie im Gegensatz zu damals die Eisenbahn. Kurz nach Sonnenaufgang überquert sie bereits die Egerbrücke und wendet sich sofort ihrem Ziel, ihrem Geburtshaus zu. Es ist der gleiche Weg, den sie damals nahmen. Wassergeruch liegt in der Luft. Sie steuert auf die durch eine Sprengbombe zerstörte und wieder sanierte Seitentreppe zu. In dem durch den Krieg geschundenen Vorort sind die Narben noch nicht überall verheilt. Robert amüsierten ihre Kindheitserinnerungen, wie Erlebnisse mit Schmetterlingen auf der Seitentreppe. Ihr altes Geburtshaus war zu jener Zeit bereits wieder bewohnt. Wie in jungen Jahren drängte sie sich durchs Gebüsch, ihrem Spielplatz in der Kindheit, und lief über den Zirkusplatz, während Robert damals einen kultivierten Weg suchte, um hinunterzukommen. Wie ein Film läuft das Szenario vor ihren Augen ab. Margret spürt seine Finger, die ihre Hand berühren, umschließen. Oder ist das nicht Vetter Richard, der „große Bruder", mit dem sie Hand in Hand in eine Zirkusvorstellung geht, in die Tierschau? Margret erschrickt, weil sie unvorhergesehen immer dann, wenn sie den Druck der Hand spürt, den Namen Richard denkt. Ihr Begleiter empfand ihr Leben als eine Kette von Lernprozessen, die sich durch das nebenberufliche Studium weit ins Erwachsenenalter hineinzieht, er glaubt, dass ihr etwas Unnatürliches anhaftet. Unbeabsichtigt vergleicht sie die Vorstellung des „großen Bruders", der anregt, den Lernprozess vorantreibt, unterstützt, mit Roberts Einstellung, erschrickt wieder über Roberts versteckte Kritik, die die Notwendigkeit der

Promotion anzweifelt, wie über ihr Gefühl. Als wäre es der Druck der gleichen Hand, die sie spürt. Gebündelte Augenblicke sind es, die sie nicht aus der Erinnerung zu vertreiben vermag, aber ist es wirklich Roberts Hand, die sie hält, obwohl sie allein mitten auf dem Zirkusplatz steht, bevor Robert nachkommt? Margret schaut zu der Wohnung auf, aus der sie als Kind den Clown beobachtete. Richard erklärte dem Kind später die Gründe für dessen Art der Gymnastik oder seine Witze, denn er war ein sehr kluger Clown. Die Verwechslung der Hände erzeugt das gedankliche Chaos, das jede logische Gedankenfolge zum Stillstand bringt. Ihr Kopf ist es, der die Erinnerungsbilder an die Kindheit in Verbindung an ihren gemeinsamen Aufenthalt mit Robert nicht aushält. Liebte sie vielleicht wirklich den älteren Bruder in Robert, über Margret blaut es plötzlich auf. Licht überflutet den Zirkusplatz. Sagte nicht jemand, man sollte sich auf das „Lichtufer" konzentrieren, „ins Blau sinken und alles Schwere wird leicht?"

Ich muss mich annehmen wie ich bin, und auch Robert hätte mich so annehmen müssen, denkt sie. Vielleicht habe ich Robert falsch verstanden? Ihre Gedanken widerstreben ihrer Absicht in der Erinnerung. Langsam geht sie über die Egerbrücke zurück. Eigentlich will sie noch ihre Geburtskirche und die Schule wie damals besuchen, aber etwas treibt sie voran. Sie beschleunigt ihren Schritt, geht durch die Mühlbrunn-Kolonnaden, wo sie in der Kindheit auf Zehenspitzen herumtänzelte. Robert interessierte sich vor allem für Richards Laufbahn, zweifelte dessen Erziehungsmethoden an. „Weniger Leistungsdruck, mehr Spielraum", hielt er für sinnvoller. Er, der Bücherlieferant, fungierte bis zu seinem Tod als Anreger und Vorantreiber, Berater. Robert schien das nicht zu gefallen.

„Dieses Buch musst du gelesen haben!", sagt Richard, der Student, zu der „kleinen Schwester". Zum Geburtstag erhält sie von den Eltern einen Geldschein. Sie soll sich ein Kleid kaufen, aber sie setzt ihn am „Ramschtisch" in sehr verbilligte Klassiker um. Teure Bücher bringt der „große Bruder" von der Bibliothek mit. Er erzieht die „kleine Schwester" mit. Solche Momente ruft sie sich in diesem Augenblick in Erinnerung. Nach seinem tragischen Unfall kehrt er in Margrets Träumen zurück in die Zeit. Klagt sie über Zeitmangel, weiß sie aus jener Zeit, dass es an der Fähigkeit liegt, die Zeit zu beherrschen. Auf den Umgang mit ihr kommt es an, denn Margret wünscht sich immer noch unbegrenzte Zeit, um ihre Interessen befriedigen zu können. Der Einfluss des „großen Bruders" ist nicht zu leugnen. Robert lacht, weil sie Tage in einen Augenblick heben zu können glaubt, während er einen Augenblick auf längere Zeit hin erleben kann. Dass wir immer von Zeit umgeben sind, solange wir leben, hat sie bald erkannt. Der Zeiger der Uhr findet zu ihrem Ärger immer einen Weg. Roberts Kritik richtet sich auf ihre nicht unbedingt nötigen Studien, auf den übermäßigen Zeitverbrauch, der menschliche Kontakte nicht ermöglicht. Er glaubt, dass sie ihr Leben nach Scheitern und Erfolg misst, wie Richard.

Hat nicht der Mensch seit Beginn der Zeitmessung die Fähigkeit verloren, mit dem Erreichten zufrieden zu sein? „Es ist nie zu spät", meint er ironisch.

Margret schüttelt, über ihre Gedankengänge verärgert, den Kopf. Dem Zauber der Erinnerung verfallen, verwechselt sie immer wieder, Hände, Worte, Emotionen. Die Tapete, denkt sie, die Tapete wird mich an Robert erinnern. Es waren Heckenrosen, das weiß sie genau, und dass Robert die Rose das „Symbol der Liebe" nannte. Der Nachmittag im Archiv verlief damals hektisch, weil Robert nicht fand, was er suchte. Sie hatte sich in die Handschriftensammlung vertieft.

Margret strebt dem Hotel zu, in dem die Tapete inzwischen ausgewechselt war.

Enttäuscht über die misslungene Konfrontation mit Robert in Gedanken, über die seltsame Verwechslung, Verschiebung, die sie als Täuschung ihres Gefühls empfindet, zweifelt sie an der richtigen Einschätzung ihrer Emotionen. Die Frage, ob das plötzliche Auftauchen seines außerehelichen Sohnes Josef von einer sehr jungen

Frau, dessen Existenz, die er Margret verschwieg, ihre noch jungen Jahre vielleicht nicht verkrafteten, weiß sie selbst nicht zu beantworten. Maria, denkt sie, liebt ihn bedingungslos und jetzt in seinem Sohn.

Lange folgt ihr Blick dem fast träge wirkenden Fluss. Ihre Gedanken steuern immer einem Punkt zu: Das beste Gold war eben kein „reines Gold" in der Tiefe seines Herzens. Triebhaftigkeit und eine gewisse Machtergreifung scheinen keine geringe Rolle gespielt zu haben. Margret streckt sich, atmet tief durch, als hätte ihr diese Erkenntnis Erleichterung beschert. Unschlüssig bleibt sie wieder stehen. Hat sie wirklich Richard, den „großen Bruder" in Robert geliebt? Sie wischt sich den Schweiß von der Stirne, obwohl ein kühler Wind aufgekommen ist. Die Sonne schüttet ihren Reichtum in den Fluss, die sich im Wasser spiegelt. Sie spürt die Kraft, die von ihr ausgeht. „Wie reines Gold", sagt sie leise. In ihrer Phantasie wird aus der ruhigen Tepl ein reißender Strom, aus dem Aufleuchten der letzten Strahlen, Martins phantastisches Aufleuchten aus der Tiefe, das er im Bild einfing, um seinen Film zu bereichern.

Langsam steigt die Abendröte auf, verfärbt den Horizont rotviolett, aber nicht „Rheingold" ertönt aus dem CD-Player einer Passantin, sondern das Vorspiel zu „Lohengrin". Margret gibt sich einen Ruck und setzt ihren Weg zum Bahnhof fort.

Ihr Traum in der Eisenbahn auf dem Rückweg lässt sie in Roberts Armen schlafen. Seine Hände sind es, unverwechselbar, die sie halten.

Zuhause arbeitet sie tagelang bis in die späte Nacht, dass selbst Gundel und Martin fragen, ob sie bis zur Besinnungslosigkeit vorbereiten und korrigieren müsse.

Es dauerte lange, bis sie endlich am Wochenende Agnes mit Josef durch das Gelände reiten lässt, denn sie muss zuerst ihr Gleichgewicht oder Ungleichgewicht und das ihres Pferdes empfinden können, auf die Eigenheiten und Eigenwilligkeiten ihres Pferdes zugehen. Die Übereinstimmung zwischen Pferd und Reiterin gelingt nur zögernd. Josef sorgt dafür, dass sie ein durchgerittenes Pferd reitet, um den Lernprozess zu beschleunigen. Eine elastische Verbindung zwischen Reiterin und Pferd soll sie durch den geschickten Gebrauch der Zügel herstellen können. Der Lehrer lobt, verstärkt den Gefühlssinn, das Geschick der Reiterin. Er versteht mit Margret besser umzugehen als der Bruder, Agnes Ehemann. Sie gehen am langen Zügel im Schritt durchs Gelände, benützen breite Wege. Auch im Gebrauchstrab fühlt sie sich wohl. Galoppiert wird noch nicht. Josef will kein Risiko eingehen.

Die Verfasserin nimmt die eigenen Erfahrungen zur Hilfe, aber sie kann plötzlich den Umgang mit Robert nicht mehr auf ihr Idealbild übertragen. Reinhard mischt sich ein. „Na, ist das keine Arbeit?", fragt später Gundel.

Margret erläutert Gundel, dass Schreiben wie Malen eine „Art zu atmen, zu leben ist. Es kommt nicht darauf an, ob man Probleme mit dem Stift oder mit dem Pinsel austrägt, löst", behauptet sie. „Oder mit der Kamera?", fragt Gundel wütend und klagt über Martins „Zeitverschwendung". Margret zählt jede schöpferische Tätigkeit zu den Möglichkeiten, zu atmen. Sie zeigt ihr das im Roman beschriebene abstrakte Gemälde: „Der Ring." Josef arbeitet mit Lichtfarben. „Undurchschaubar", sagt Gundel. Margret hat sich an der Realität wie an Martins Filmidee orientiert. „Er will mit einem Reichtum an Licht die Wirkung der Goldfarbe verstärken", stellt die stellvertretende Malerin fest. Ultramarin deutet den Strom an. Es wellt, wogt, wiegt sich im Licht. Purpurrot zwischen den Wellen, Orange, dort Licht im Grün, Blau, Indigo, Violett. Licht zerlegt die Farben des Regenbogens. Reines Gelb leuchtet wie poliertes Blattgold aus der Tiefe auf. Ein Ring? Darüber lässt Azurblau den Himmel leuchten. „Gold, Symbol für den Reichtum der Schöpfung", sagt Josef. Er spiegelt himmlische Herrlichkeit wider. Reines Gelb steht für ein unverfälscht „reines Gold" in der Tiefe. Es wellt, wogt über ihm. Der Reichtum an Licht soll die Wirkung erzielen, das Leuchten von unten in feuriges Licht auflösen. Gundels ironischer

Blick zeigt, dass sie Margrets und Martins schöpferisches Tun für sinnlose Arbeit hält. Margret erläutert, beschreibt. Gundel schüttelt so lange den Kopf, bis selbst der, der schwungvoll die Türe öffnet, bemerkt, dass die Ehefrau verständnislos den Kopf schüttelt, bis die Schüttelbewegung in ein leichtes Hin- und Herbewegen ihres Kopfes übergeht. Martins Stimme verkündet lautstark seinen Filmpreis. Niemanden erstaunt Gundels erste Frage: „Wie viel?" Martin begnügt sich mit einem „Fürs erste reicht es für einen Anbau." Am Wochenende wollen sie dann, wenn das Wetter passt, im Freien den Preis feiern. Martin wirft seine Jacke in eine Ecke des Sofas, ohne dass die Frau wie gewöhnlich seine „Schlamperei" bemängelt. Der Preis stimmt sie versöhnlich, er genügt als Grund für die Unordnung. Martin hat den Anbau genau geplant und erläutert seine Vorstellung den Frauen, denn auch die Tochter fragt neugierig nach. Eine Mietwohnung, die ein „schönes Sümmchen" einbringen soll, wie Gundel es wünscht, wird entstehen.

Als seltsamen Zufall empfindet es Margret, die bisher stille Zuhörerin, die sich mit dem Glückwunsch begnügt, dass gerade in diesem Augenblick Alberichs Stimme auf hohem a aus dem CD-Player ertönt. „Erzwäng ich nicht Liebe, doch listig erzwäng ich mir Lust." Alle Blicke versammeln sich auf der Person Gundels und lachen. Wie sie, so spötteln auch die Rheintöchter über Alberich, der ihre Gunst zu erregen sucht. Nur mithilfe des Goldes erhofft er sich Erfolg bei den Frauen. Auch Martin steht an diesem Tag höher in der Gunst der Ehefrau.

„Mit goldener Faust euch Göttliche fang ich mir." Gold, so glaubt er, löst alle Probleme. Selbst Liebe hält Alberich für käuflich. Ein Seitenblick Margrets auf Martin und Gundel beweist die Anzüglichkeit. Die Gunst für ihn wächst mit dem Profit, denn Gundel hält ihn eigentlich für einen Versager. Nie hätte es Gundel für möglich gehalten, dass ihm der Rhein das für den Anbau bestimmte und gewonnene Geld, das letztendlich verspielt wurde, zurückgeben könnte, „Rheingold" einen Preis einbringen könnte. Die Familie feierte diesen Preis wie den Mauerfall zwischen Ost und West mit einer Luftballonkette. Sie soll den Neu-Anbau nachzeichnen. Zum Spaß des Enkels signalisieren die bunten, leuchtenden Ballons den Grund, wo der neue Anbau geplant ist. „Nach und nach bauen wir die Götterburg", jubelt der Sieger.

Ein Sonntag ist's, er lässt auf Band das Streichorchester aus „Rheingold" und Wotans hohen Bass erklingen: „So grüß ich die Burg, sicher vor Angst und Grauen!" Zu Gundel gewandt, singt er selbst die Aufforderung mit: „Folge mir Frau! In Walhall wohne mit mir!" Gundel fliegt sofort das Reizwort „Burg" und das damit verbundene Gold an. „Wenn wir so reich wären", stellt sie fest, „könnte ich jeden Tag bis Mittag schlafen statt arbeiten". Margret versucht sie mit einem Zitat zu widerlegen: „Gibt es eine Hoffnung, die reiner wäre, als die sich vor Tagesanbruch findet, wenn alle Kräfte verfügbar sind?" „Dann wäre ich reich, wenn ich jeden Morgen erfolgreich arbeiten könnte. Auf den Schlaf bei Tage könnte ich verzichten." Sie will die Zeit wegleben, wie sie kommt, aber nicht verschwenden. Ihr Problem scheint zwar gelöst, aber Roberts Tod hinterlässt eine Lücke, sehr viel Leere.

Das kleine Mal auf ihrem Ohrläppchen hüpft erregt auf und ab. Die Konfliktursache, ihr Zögern, ihre Unentschlossenheit und Marias indirekte Schuldzuweisung lassen keine Löschung zu, verurteilten sie im Geheimen. Der Konflikt lässt sich nicht verlagern.

Gundel hat im Freien gedeckt und serviert Kuchen und Gebäck. Anna kommt mit den Getränken. Geschäftig laufen sie hin und her. Dass sich „Woglinde", die Dame im goldfarbenen Zweiteiler, unter den Gästen befindet, fällt Gundel erst auf, als die „Ode an die Freude" erklingt. Martin hat Doris heimlich eingeladen. „Zufällig getroffen", sagt er. Zufälle sind schöpferisch, denkt Margret, aber sie schweigt.

Gundels nicht begründeter Verdacht äußert sich meist in bitterer Ironie. „Hatte Wotan eigentlich auch eine Nebenfrau?", will sie wissen, aber Martin ignoriert die Anspielung. „Woglinde" verbündet sich scheinbar mit „Wellgunde" und hilft beim Abräumen. Martin, der angesichts seiner vermeintlichen schweren Erkrankung den Wert der Gesundheit erkannte, nimmt sich vor, täglich am Abend zu joggen. Er hat sich so an seine Spaziergänge am Rheinufer gewöhnt, dass er „Woglinde" bittet – Gundel ist nicht zu joggen bereit –, ihn zu begleiten. Prüfend holt er die Blicke der Beiden ein, aber die Ehefrau grölt: „Ach, wie ist es am Rhein so schön." Gundel bereitet sich hinter in Falten gezogener Stirne auf eine heftige Attacke gegen den Gatten vor, als würde es einer großen Anstrengung bedürfen. Die Besucherin lacht: „Ich pass schon auf, dass er nicht den Rheintöchtern nachstellt." Zwei Buchstaben, „Hmmm", demonstrieren Gundels Vermutung, während Margret, unbeteiligt, eine Zeit lang geradeaus denkt, bevor sie ungezügelt das Wort „Liebe" ins Gespräch wirft, als müsste sie scharfe Begriffe löschen: „Was man nicht als Liebe definieren kann." Sie kennt deren Eifersüchteleien, schlägt einen Kompromiss vor: Gemeinsame Spaziergänge oder Walken statt Joggen, Gundel, vom Pendel der Emotion bewegt, hält jede Anstrengung dieser Art für unsinnig, wenn sie keinen Profit einbringt. An die Gesundheit des Gatten denkt sie nicht.

Als Martins Bilderwelt endlich an der Leinwand erscheint, Lichtgestalten schafft, fasziniert gerade die Art der Abstraktion die Zuschauer, zumal die Lichtwirkung immer in Verbindung zur Musik steht, die aus dem CD-Player ertönt. Die Wasserwesen wirken, als wäre der Fotograf mit Weitwinkel und Blitzlicht ganz nahe an sie herangekommen. Sie tanzen zwischen Fluten, Wellen. Mit seinem wilden, eigenwilligen Nebeneinander der Gestalten an der Wasseroberfläche, die wie Wolkenbilder eine seltene Spannung erzeugen, setzt Martin Kunst gegen die Banalität des Alltags. Beiläufig schafft das Licht mitten in den tanzenden Lichtreflexen den Wassermann, den die Rheintöchter „Nöck" nennen. Alberich greift nach ihnen, will sie einfangen. Sie entziehen sich, tauchen. Die sich kindlich, graziös vor ihm bewegen, bewachen das „Rheingold" in der Tiefe. Der Schreck des Augenblicks kehrt in der Musik wieder. Nicht emotionslos bringt Martin seine „Mädchen" auf die Leinwand. Es geht um Interpretation, aber auch um Konstruktion einer Bilderwelt. Sie wirkt zufällig, willkürlich, wie es der Musik des Vorspiels entspricht. Die Bilder beweisen die beschreibende Macht der Kamera, Individualitätsverlust aber wäre angesichts der Gesichtslosigkeit eine Fehlanzeige, denn Wellgunde, Woglinde und Flußhilde unterscheiden sich in der Art des Tanzens wie in ihren Vorstellungen. Der Zuhörer begreift es sofort, wenn er den Gesang vernimmt, den das Streichorchester begleitet. Er empfindet die Rheintöchter vielleicht als rhythmisch und melodisch wiederkehrende Varianten. Viele sprechen von der dramaturgischen Gestaltung der abstrakten Bilder, loten das Verhältnis von Wirklichkeit und Künstlichkeit aus. Undinen, sagen viele, wenn die Lichtgestalten auch nicht real das Wasser aufwühlen, sie scheinen mit den Rundtänzen die Wellen hochzutreiben. Die Nymphen, Undinen oder „Engel des Abgrunds", wie die Wasserjungfrauen auch genannt werden, schimmern phosphoreszierend grün oder blau zwischen den Wellen. Schmücken sie sich nicht mit Muscheln dort?

Bei der Preisverleihung ging es nicht um einen fertigen Film, sondern um eine Filmidee und um Möglichkeiten, diese zu realisieren, um Möglichkeiten einer Regieführung, die auch bei den Gästen ankommt. Wotan und der Götterhimmel setzt für Martin Abstraktion voraus. Das abstrakte Formdenken ist für ihn nur mit Hilfe des Lichtes denkbar. Dieser Gedanke bestimmt die ganze Bilderwelt. Ansätze der neuen Bildformen finden sich bereits in den fünfziger Jahren. Der Anspruch des Regisseurs ist die Befreiung von der Realität durch Abstraktion, und diese abstrakten Kompositionen können nur gelingen, wenn Reales aus dem Zusammenhang herausgegriffen und neu komponiert wird. Martin bedient sich vor allem der Lichtwirkung. Lange dauert es, bis er seine Skepsis der Abstraktion gegenüber überwinden kann, bis die „Engel des Abgrunds" das „Rheingold" bewachen, Alberich, der Wassermann auftaucht und nach ihnen greifen kann. Als Lichtreflexe werden seine Wasserwesen auf der Leinwand sichtbar. Eigentlich ist Martin zu wenig Philosoph, um die Wirklichkeit hinter der Wirklichkeit zu suchen, aber die Notwendigkeit zwingt ihn, umzudenken. Es ist eine subjektive Fotografie, wenn sie sich auch an bedeutenden Fotografen der abstrakten Kunst orientiert.

Fotografie und Film zählen zu den reproduzierenden, zu den dramatisch visuellen Künsten und sind eng mit der Musik verbunden. Das abstrakte wurde schon von Leger produziert.

Trotz der digitalen Revolution nähert sich Martin in keiner Weise hochentwickelter technischer Methoden. Im Gegensatz zu anderen Teilnehmern strebt er kein Videospiel an.

Wie Spiralen aus Licht werden die Rundtänze der Nixen wahrgenommen. Aus dem realen Bereich, nicht aus der Natur isoliert, spielen, tanzen und klagen sie, necken sich und Alberich. Der Fotograf setzt seine Objekte in fotografische Farben und Licht um, und sie erscheinen glaubwürdig. Die Geladenen applaudieren, feiern den Sieger, der Sonnenstrahlen aufzuwickeln scheint, der aus Spiralen, aus Licht Rundtänze entstehen lässt und aus dem Zeitablauf herauslöst. Filter, Mehrfachbelichtung, sogar ein Prisma setzt er ein, um zum Ziel zu kommen. Er experimentiert mit ästhetischen Strukturen und schafft sogar mit einer geliehenen Lochblendkamera die scheinbaren Bewegungen der Rheintöchter und des „Nöck". Durch die punktförmige Wahrnehmung entsteht scheinbar die Bewegung aller Art, er fasziniert mit diesem optischen Phänomen.

Als der Abend im Wellenschlag der Minuten dem Lichtgesetz erliegt, zeigt die Lichterkette, in die sich die bunten Ballons verwandeln, ebenso schnell einen viel größeren Anbau als ursprünglich geplant an. Gundel will auch den Kredit ausschöpfen, und Margret warnt vor zu hoher Verschuldung. Die Besucherin schließt sich an, verweist auf die Gefahren. Aber Gundel ist, wie es Martin nennt, „unersättlich". „Wir streben doch eine Götterburg an", verteidigt sie sich.

Aus der CD klingt es zurück: „So grüß ich die Burg, sicher vor Angst und Grauen", während Martin auf das Leuchten in der Ferne deutet. Er gerät geradezu in Verzückung, heftet seinen Blick diesem Leuchten an, und die CD erinnert an die Klage der Rheintöchter: „Rheingold! Rheingold!", und „Um dich, du Klares, wir nun klagen: gebt uns das Gold".

Wenige der Geladenen begreifen die Parallelität. Sie hören die beiden Ebenen nicht gleichzeitig und ordnen die Bilder daher oft falsch zu, nehmen nur die Oberfläche wahr, während es in der Tiefe wühlt, wellt und brodelt. Martin bemüht sich, die Orchestersprache dem Bild zuzuordnen. Die Vorführung gefällt den Anwesenden. Sie klatschen, sprechen auch von einem „dramatischen Grundgedanken", von einem „faszinierendem Vorspiel".

Während einzelne Gäste die bereits nebelschweren, noch am Zaun hängenden leuchtenden Heckenrosen bestaunen, verabschieden sich die ersten Besucher, verlassen das Grundstück. Gundel aber unterstellt später dem Ehemann die Absicht, Woglinde gegenüber den „Alberich" zu spielen. „Der Preisträger imponiert ihr jetzt sicher mächtig", spöttelt sie. Der Enkel bietet sich als Begleiter an, aber jeder weiß, dass ihm dieser Sport bald zu langweilig wird. Doris erscheint in den kommenden Tagen nicht. Sie scheint den Verdacht zu ahnen und sich Gundel verpflichtet zu fühlen.

Dass Margret kurz darauf Maria bei Emma trifft, darf als Zufall gesehen werden. Sie fragt nach Beruf und Studium, berichtet über die Probleme der Umstellung der Berufstätigen zur Hausfrau und Mutter. Der Name Robert fällt nicht. Maria bewohnt mit der Familie Roberts Haus und hat an diesem Tag gerade den Geburtstag der Freundin gefeiert. Am Abend will sie wieder nach Hause fahren. Josef muss sie für den Übertritt vorbereiten. Sie wirkt als Hausfrau und Mutter völlig verändert. So empfindet sie Margret. Sie scheint sich aber in ihrer Rolle wohl zu fühlen. Robert würde sich freuen, denkt die Beobachterin. Sie, die Berufstätige und „ewige Studentin", wie sie die Eltern nennen, die auch schreibt oder malt, wenn

Zeit bleibt, wirft sich Egoismus vor, weil sich ihr soziales Engagement nur in Spenden äußert. Aus Zeitmangel hat sie sich gegen die Familiengründung entschieden. Es gibt eben verschiedene Formen, Sauerstoff einzuatmen, denkt sie, und warum sollte man sich nicht auch scheinbar „Nutzloses" erobern?

Margrets Welt, tief in der Zeit verborgen, die sie als Sprache betrachtet, steht der Martins trotz sehr unterschiedlichen Vorstellungen näher als Roberts Welt. „Gegensätze ziehen sich eben an", begründet sie den Eltern gegenüber immer ihre Liebe. Bildung, Erfahrung, Interessen waren entscheidend. Während der Preisträger eine Welt aus Bildern schuf, fühlt sich Margret vom Schöpfer in die Sprache gestellt. „Kein Ding sei, wo das Wort gebricht." Seit Jahren steht ein Wort, auf das es ankommt, im Spannungsfeld ihrer Betrachtung, löst in ihren Gedanken eine ungeheure Bewegung aus. Das Wort, gleichzeitig unterschiedlich interpretiert, abgeleitet, angezweifelt, assoziiert, verändert, gewinnt im Munde des Sprechers durch Stimme Leben. Liebe ist eben nicht immer Liebe. Das ist auch Martins Problem. Er wird von seiner Frau nur anerkannt, weil er Geld einbringt. Gundel sieht Reichtum im Haben, nicht im Sein. Daher versteht sie auch seine von allen Anwesenden gelobte Spirale nicht als etwas Besonderes, einst die Bewegungsidee der Minoer, die er sich für seine abstrakte Bilderwelt zunutze macht. Martin, etwas labil, lässt sich von der Ehefrau meist beeinflussen. Außerdem legt natürlich auch er großen Wert auf die Erweiterung, Vergrößerung der Wohnräume. Er freut sich auf den durch die Ballons angezeigten Anbau.

Die vor allem an den Rändern der Tage und Wochen möglichen Tätigkeiten in berufsfreier Zeit nützen Martin wie Margret, um neue Ideen zu inhalieren und umzusetzen. Schöpferisches Tun für Margret und Martin bedeutet eine „andere Art zu atmen", eine Möglichkeit weiterzuleben und zu überleben, Gundel lacht.

Als der Enkel mit der Mütze in der Hand und dem Abendnebel auf dem Kopf ankommt, ahnt noch niemand die veränderte Wetterlage. Man erwartet nur ein Wärmegewitter.

Der lautlose Wellenschlag der Zeit kämpft inzwischen in der Musik mit den Tönen as-ges-f.

Einen Ring aber hat Heini gefunden, eine Silberimitation in der Größe eines Armbandes. „Mögen alle Lebewesen überall frei und glücklich sein", steht in altindischen Zeichen eingraviert. Das gibt selbst der Oma zu denken. Auch den Opa „Albi" beschäftigt Heinis Fundstück. Der Ring, eigentlich ein wertloses Souvenir, das offensichtlich eine Touristin bei einem Spaziergang am Ufer verlor, befindet sich im Original im Museum, aber der Text in altindischer Sprache ist der gleiche. Der etwas verzogene Verschluss scheint sich beim Gehen geöffnet zu haben. Margrets Vater witzelt später: „Wäre doch eine Alternative gewesen", und die Mutter sieht Margret bereits als „alte Jungfer" vor sich.

Margret hört in diesen Tagen lange dem eigenen Schweigen zu, bis eines Tages, als sie schon beim Schreibtisch sitzt, eine plötzlich entstandene Windbö an den Fensterläden zerrt, und alles aus den Fugen zu reißen scheint. Etwas Bedrohliches liegt in der Luft. Der Sekundenzeiger ihrer Armbanduhr schiebt sich sichtbar voran, als wolle er die Zeit antreiben. Die Nebelkammer im Osten hat sich geschlossen. Margret erschrickt, als etwas Schweres mit einem heftigen Schlag vom Dach stürzt. An den Klimawandel durch die Emission von CO_2 gewöhnte sich längst jeder Bürger, aber in unseren Breiten zeigten sich bisher keine gefährlichen Unwetter. Auch der Vater untersucht das Dach vom Boden aus. Der Sturm scheint eine Antenne vom Haus gerissen zu haben. Der Strom wütet, wirft hohe Wellen. Die ganze Familie hat durch den Filmversuch eine sehr enge Beziehung zu diesem Strom aufgebaut. Martin bezeichnet seine Arbeit als Fallschirm, der ihn rettet, wenn seine Ehe zu bröckeln, zu zerbrechen beginnt, vor allem seit „Woglinde", die ihn lockte, nicht mehr auftaucht, was sich in „Wellgundes" Spott äußert.

Die meisten Menschen suchen die Ursache der Unwetter im Verlust des Strahlungsgleichgewichtes, im Wärmestau, der in der Nähe der Erdoberfläche verharrt. Von Ungleichgewicht spricht auch die Familie, das der Anstieg der Treibhausgase verursacht. Dass der Wasserspiegel des Stroms steigt, beunruhigt Martin sehr. Ängstlich überprüft er alle Sturmschäden, denn auch die „Burg" steht nicht auf sicherem, verlässlichem Grund, wenn Wotan auch in höchsten Tönen singt: „So grüß ich die Burg, sicher vor Bang und Graun!"

Während Martin und Gundel das Haus so gut wie möglich gegen Unwetter absichern und versichern, überlegt der Preisträger fieberhaft den zweiten Teil seiner abstrakten Bilderwelt.

Margret hat mit Einverständnis des letzten Verwandten Roberts ein Rosenbäumchen auf Roberts Grab gepflanzt. Aber die mitleidvollen Blicke in „Tante Emmas" Lädchen und die der Bekannten berühren sie so unangenehm wie die Spötteleien und versteckten Schuldzuweisungen, wie „er hätte sich ‚wundgewartet'", ärgern sie. Auch der Verlust eines Menschen darf die Absicht der Trauernden, das Leben trotzdem zu wagen, nicht blockieren.

Es sind unbetretbare Stunden mit ihm, die die Erinnerung freigibt, aber Wunden verharzen in der Zeit. Der Klang verfehlt sie nicht, obwohl sie Roberts Herzschlag nicht mehr trifft und eine Leerstelle erzeugt. Der Himmel hat entschieden, denkt sie und stellt sich mitten in den Wind, um ihre Widerstandsfähigkeit zu erproben. Sie kennt seine Stimme und stellt sich darauf ein, wenn ihre Träume auch noch nicht hitzebeständig sind. Sie hat den Windhund fest im Blick und weiß, dass das Zauberwort „Liebe" in vollem Umfang nie mehr einen anderen Mann meinen wird.

Abspringen, fliegen, an Höhe gewinnen.

Es ist ein Zufall, dass sie Leila als Hochseilartistin im Zirkus bei einer Aufführung am Seil beobachten kann. Eigentlich hat sie Martin auf Leila aufmerksam gemacht, denn auch er will die Aufführung mit Gundel zusammen besuchen. Anregung, gute Aufnahmen erhofft er sich. Leila schwingt hoch im Zelt, dreht sich, springt und fängt sich in der Luft. Ihr Leben ist Wagnis. „Auch unseres", meint Margret. „Wir sind eben nicht Schuppen am Zapfen. Risikoreich ist jedes Leben." „Fantasten." Gundel meint Martin und Margret. Stimmlos bleibt der geheime Vorwurf: Wer könnte in unserer Zeit leben und die neue Zeit mit ihren Problemen vergessen?

Als Leila und Margret endlich Zeit für eine Unterhaltung finden, hat sich bereits der Mond am Himmel eingeschlichen. Leila erschrickt über die Information. An Margrets Stelle stellt auch sie fest: „Der Himmel hat entschieden. Jetzt bist du frei", und „In dieser Zeit fiel deine Entscheidung? Wie tragisch! Aber das ist nicht deine Schuld". Gute Ratschläge erübrigen sich.

Sie erzählt von ihren Aufführungen, von ihrem Platz, den sie sich im Zirkus erobert hat und von einem guten Freund. Verheiratet hat sie sich noch nicht. Auch ihre geplanten pädagogischen Aufgaben blieben Vorsatz. „Kinder schon, aber später. Das wäre zu früh." Sie muss viel trainieren. Das setzt ihre risikoreiche Artistik voraus. Der sie abholt und küsst fährt mit einem Rad über ein Seil und lebt nicht weniger gefährlich. „Wir lieben uns alle", sagt sie. Ihm eilt es, und der Abschied fällt daher kurz aus. Leila winkt, und Margret beschließt, Leilas Kritiken in der Zeitung zu suchen. Sie bewundert die mutige Hochseilartistin. Margret weiß es jetzt sicher, dass sie nie einem Leben nachlaufen würde, das sie nicht einzuholen imstande ist. Getrennt sind sie an Land gegangen. Ihre Träume aber beweisen es, dass die Vergangenheit nicht abgeschlossen ist. „Reines Gold", formen ihre Lippen. Im Gerüst dieser Töne, im Klang des Streichorchesters hört sie seine Stimme. Pausen atmen sie aus, als wäre ihre Liebe ein nachtlanger Traum, als hätte der Tod sie noch nicht getrennt, ein unbestattetes Gefühl.

Sexualität hat mit Liebe nicht unmittelbar zu tun. Sie ist nur mögliche Folge.

Auch Emma, die immer für die Nöte ihrer Mitmenschen Aufgeschlossene, leidet.

In später Nachmittagsstunde, nachdem sich das angekündigte Tief zurückzog, treffen sich drei Frauen zufällig vor Emmas Geschäft. Gundel kommt von der üblichen Blutspende, die längst zu ihrem Nebenverdienst zählt, zurück. Der Ehemann, von dem sie behauptet, er träume immer noch vom Wassergott und seinen Nymphen, schiebe, sobald der Feierabend beginnt, den Traum von Woglinde, wobei sie Doris meint, vor sich her, nennt sie im Gegenzug die „an der Finanzgrippe Erkrankte". Sie trifft auf Margret, die die von der Mutter vergessenen Zwiebeln holen will. Langsam schlendert sie dahin, als habe sie Zeit, das Ziel den Füßen zu überlassen. Das Geschäft ist geschlossen. Ein Schild verweist darauf. Emma steigt gerade aus dem Bus aus und kommt auf die Beiden zu. Tränen füllen ihre Augenwinkel. Sie zittert vor Erregung am ganzen Körper und steckt den Schlüssel immer wieder verkehrt in das Schlüsselloch, bis Gundel hilfreich eingreift. Stockend, von einem tiefen Schluchzen unterbrochen, berichtet Emma von Andis schwerem Autounfall. Ein Lastwagen nahm ihm die Vorfahrt. Auch Emma spendete Blut, aber um ihren Schützling zu retten. Sie kommt gerade aus dem Krankenhaus. Ihre in jungen Jahren angenommene Verantwortung verpflichtet sie. Emma keucht, die Panik noch in den Knochen. „Er schwebt in Lebensgefahr." Ihre Worte bleiben mitten in einem Atemzug stecken. Mit der Hand greift sie nach einer weißen Haarsträhne, die sich aus ihrem Knoten gelöst hat und vor ihrem Gesicht hin und her schaukelt. Die Tränen wetteifern mit ihrer Stimme, als hätte ihre Welt die Mitte verloren. „Der Andi in Lebensgefahr!" Der Satz, ein verzweifelter Schrei, entspringt einem seelischen Tumult, den der Gedanke an seinen möglichen Tod erzeugt. Der Hoffnungslosigkeit begegnet, vermag sie ihr Problem nicht zu bewältigen. Die Verzweiflung ist zu groß. Margret kaut nervös die Luft, während Gundel, praktisch veranlagt, Emmas Arm ergreift und die wie ein welkes Blatt im Wind hin und her schaukelt in ihre Wohnung bringt. Margret verständigt den Arzt. Einem Nervenzusammenbruch wollen sie vorbeugen.

Andi überlebt, aber Emma sitzt die Angst tief in der Brust, sobald er die Autotüre hinter sich schließt.

Margrets spektakulärer Umgang mit der Zeit, ihre Versuche, Stunden für das Abenteuer Leben zu montieren und Bindungen aus dem Weg zu gehen, beschämen sie in Gedanken angesichts der Verzweiflung dieser selbstlosen Frau, die aus Liebe zu Andi auf ihre Bedürfnisse und sogar auf eine Familiengründung verzichtete. Ein für sie verwirrendes Wechselspiel des Zufalls zwingt sie das bisher Ungewöhnliche zwischen Alltag und Chaos zu bewohnen. Die sonst religiöse Frau begegnet der Hoffnungslosigkeit und droht zu scheitern. Gundel bleibt, bis sich Emma beruhigt hat.

Unvergessliche Klänge verbinden sich an diesem Tage nicht allein mit ihrer nicht bestatteten Emotion. Emmas Liebe schwebt über dem Begriff „reines Gold".

„Rheingold, Rheingold, reines Gold, leuchte noch in der Tiefe dein lautrer Tand", singt später Martin, und Gundel glaubt das Orchester zu hören.

Reines Gold

*Mein angstvoll suchender Blick
findet sehnsuchtverrenkt das Wort
im neuen Licht, das Wort,
das der Strom mir entriss, als kaum
ich's erprobt, ermessen. Es atmet
finster Entfernung.*

*Der Spirale des Lebens entsprungen,
brennt es das Sonnensegel
mir ein. Die Welt, sie atmet
es aus, das Wort, das Leben. Fünf
Buchstaben nur. Wer kennt
es nicht, dieses Wort?*

*Es bewegt die Welt, bescheiden,
doppelzüngig vielleicht,
sucht es da und sucht dort in der Demut
der Luft, im Windbogen Zeit
die Treue, das Glück als immer
währende Kraft.*

*Vergangenes schließt es nicht aus.
Sie durchatmet das Schweigen der Toten,
die Liebe, das reine Gold,
in der Tiefe bewacht, durchglänzt
es die Höhen, den Himmel, denn Gott
ist die Liebe.*